Del *Yes, I do* al «Sí, quiero» en el mercado editorial
de las bodas de EE. UU., Reino Unido y España

M.ª Belén Marín Conesa

Del *Yes, I do* al «Sí, quiero» en el mercado editorial de las bodas de EE. UU., Reino Unido y España

Granada, 2024

Colección indexada en la MLA International Bibliography desde 2005

EDITORIAL COMARES

INTERLINGUA
368

Colección fundada por Emilio Ortega Arjonilla y Pedro San Ginés Aguilar

Directores de la colección:
Ana Belén Martínez López - Pedro San Ginés Aguilar

Comité Científico (Asesor):

Esperanza Alarcón Navío Universidad de Granada
Jesús Baigorri Jalón Universidad de Salamanca
Christian Balliu ISTI, Bruxelles
Lorenzo Blini LUSPIO, Roma
Anabel Borja Albí Universitat Jaume I de Castellón
Nicolás A. Campos Plaza Universidad de Murcia
Miguel Á. Candel-Mora Universidad Politécnica de Valencia
Ángela Collados Aís Universidad de Granada
Miguel Duro Moreno Woolf University
Francisco J. García Marcos Universidad de Almería
Gloria Guerrero Ramos Universidad de Málaga
Catalina Jiménez Hurtado Universidad de Granada

Óscar Jiménez Serrano Universidad de Granada
Ángela Larrea Espiral Universidad de Córdoba
Helena Lozano Università di Trieste
Maria Joao Marçalo Universidade de Évora
Francisco Matte Bon Luspio, Roma
José Manuel Muñoz Muñoz Universidad de Córdoba
Antonio Raigón Rodríguez Universidad de Córdoba
Chelo Vargas-Sierra Universidad de Alicante
Mercedes Vella Ramírez Universidad de Córdoba
África Vidal Claramonte Universidad de Salamanca
Gerd Wotjak Universidad de Leipzig

ENVÍO DE PROPUESTAS DE PUBLICACIÓN:

Las propuestas de publicación han de ser remitidas (en archivo adjunto, con formato PDF) a alguna de las siguientes direcciones electrónicas: anabelen.martinez@uco.es, psgines@ugr.es

Antes de aceptar una obra para su publicación en la colección INTERLINGUA, ésta habrá de ser sometida a una revisión anónima por pares. Para llevarla a cabo se contará, inicialmente, con los miembros del comité científico asesor. En casos justificados, se acudirá a otros especialistas de reconocido prestigio en la materia objeto de consideración.

Los autores conocerán el resultado de la evaluación previa en un plazo no superior a 60 días. Una vez aceptada la obra para su publicación en INTERLINGUA (o integradas las modificaciones que se hiciesen constar en el resultado de la evaluación), habrán de dirigirse a la Editorial Comares para iniciar el proceso de edición.

Fotografía de portada: José Francisco Pérez Sáez

© M.ª Belén Marín Conesa

© Editorial Comares, S.L.

Polígono Juncaril • C/ Baza, parcela 208 • 18220 Albolote (Granada) • Tlf.: 958 465 382
https://www.comares.com • E-mail: libreriacomares@comares.com
https://www.facebook.com/Comares • https://twitter.com/comareseditor
https://www.instagram.com/editorialcomares

ISBN: 978-84-1369-784-0 • Depósito legal: Gr. 623/2024

Fotocomposición, impresión y encuadernación: COMARES

*A todos los que siempre me han apoyado
y han creído en mí*

Sumario

PARTE I

Capítulo I

EL MERCADO DE LAS BODAS

Capítulo II

LAS REVISTAS DE NOVIAS

PARTE II

Capítulo III

CORPUS Y DESARROLLO METODOLÓGICO

Capítulo IV

RESULTADOS Y DISCUSIÓN

Capítulo V

CONCLUSIONES Y FUTURAS LÍNEAS DE INVESTIGACIÓN

Índice de ilustraciones, gráficos y tablas

Gráficos

Tablas

Ilustraciones

Agradecimientos

Quisiera empezar dando las gracias a todas las personas que han hecho posible la presente investigación. En primer lugar, a la Dra. M.ª Ángeles Orts Llopis por su gran saber, experiencia, confianza y guía durante toda mi carrera investigadora. Gracias por creer en mí.

Asimismo, querría agradecer a mi familia su apoyo constante y motivación en los peores momentos, sin cuya ayuda no habría terminado este laborioso estudio. Me siento una persona muy privilegiada por haber podido contar con la ayuda de tantas buenas personas en este gran proyecto.

Igualmente, me gustaría dar las gracias a los editores y publicistas de la revista española, *Telva Novias*, por haber respondido a todos mis correos electrónicos y haber contribuido así a la elaboración del estudio.

Todos me habéis ayudado de una forma u otra a poder encauzar el presente trabajo y a llevarlo a término. Os doy las gracias por vuestra paciencia y por haber estado ahí cada vez que los ánimos decaían o cuando perdía de vista la visión final del proyecto, que ha sido en múltiples ocasiones.

Gracias de todo corazón.

Resumen

Este estudio pretende, en primer lugar, dar al traductor profesional una visión general sobre la importancia del mercado de las bodas en EE. UU., Reino Unido y España. En particular, se ha intentado mostrar el papel que juegan las publicaciones editoriales destinadas a las novias dentro del mismo. Igualmente, por medio de este trabajo se ha querido analizar estos textos editoriales que son las revistas de bodas como géneros, fruto de culturas diferentes donde las bodas tienen una relevancia singular y peculiar. Como corpus se ha seleccionado una publicación representativa de cada uno de estos tres países: la revista *Brides*, de EE. UU.; *You & Your Wedding*, de Reino Unido; y *Telva Novias*, de España. Específicamente, hemos centrado nuestro análisis, de tipo cualitativo, a tres niveles distintos: en cuanto a su macroestructura (nivel discursivo o ideacional), en el tipo de recursos léxicos más prototípicos –los neologismos– descubiertos en ellas (nivel léxico o formal) y el índice de formalidad entre emisor y receptor en cada una (nivel pragmático o interpersonal). Según los resultados obtenidos a esos niveles, se ha podido advertir que, por razones lingüísticas y culturales, los géneros procedentes de los países anglosajones son considerablemente más densos a nivel proposicional, que gozan de unos recursos neonímicos de gran creatividad léxica que los dotan de un grado mayor de expresividad, y que el tenor, considerado como la relación que se establece emisor-receptor, es más cercano en ellos que en su versión en español. Las implicaciones de los resultados obtenidos nos permiten concluir que para hacer frente a un encargo de traducción de tales características ya sea al inglés o al español, el traductor profesional habrá de conocer los rasgos de este peculiar género editorial en las distintas culturas, así como el papel que esta amalgama de rasgos juega en cada una de ellas, de manera que su traducción sea un reflejo fiel del producto originario, tan distinto en el ámbito hispano y anglosajón.

Introducción

El mercado de las novias es una industria altamente fructífera y de muy diversa naturaleza en los países anglosajones. Tal relevancia ha propiciado la aparición de diversas publicaciones relacionadas con el enlace matrimonial, como son la infinidad de películas, series o programas de televisión sobre bodas o, en concreto, la del género que aquí nos ocupa: la revista de novias. Las publicaciones nupciales, como vemos más adelante a lo largo del estudio, «traducen» el papel central del acontecimiento social que es la boda en los países angloparlantes. En España, por el contrario, dicho evento ha tenido siempre un papel más religioso y ritual que puramente festivo.

El matiz más tradicional que caracteriza al matrimonio en España, como país de estado confesional (católico) que fue durante los cuarenta años de Dictadura del General Franco (1939-1975), de celebración ritual-religiosa y conservadora (Cotarelo, 2011) no ha terminado de devenir –como trata de poner de relieve nuestra investigación– en un acontecimiento puramente hedonista y lúdico, que además lleva consigo una industria editorial orientada al puro *marketing* y al consumismo, como sucede en los países anglosajones. En los Estados Unidos y en el Reino Unido, la boda es un evento donde los ritos religiosos se ven reemplazados por ritos *ad-hoc*, como es el caso del papel del padrino de la boda o de la dama de honor. Es debido a la relevancia de este mercado en el mundo anglosajón que la literatura que hemos podido consultar, artículos de investigación y tesis doctorales en su mayoría, provienen de estos países y son de corte antropológico y sociológico (Buckley, 2014; Dalrymple-Williams, 2004; Sgroi, 2006); nos ha sido imposible encontrar artículos referidos a tales temas en España.

Aunque, como explicamos, no se han encontrado estudios contrastivos que examinen el discurso nupcial desde la Lingüística y la Pragmática, sí que hemos hallado un artículo que analiza el lenguaje de las revistas femeninas en el campo de la Traducción o la Lingüística (Martínez López y Vella Ramírez, 2011). La investigación de Martínez López y Vella Ramírez (2011) se centra en demostrar cómo la terminología en francés de las publicaciones especializadas y de divulgación sobre moda, ha sido adoptada en inglés y en español. Asimismo, examina las estrategias comúnmente utilizadas en la traducción del francés al español de textos sobre moda y belleza y, finalmente, ofrece un glosario trilingüe (francés-inglés-español) como futura herramienta de utilidad para el traductor de este discurso especializado.

El presente estudio es más bien un trabajo de corte pretraductológico y, como tal, pretende demostrar que las publicaciones nupciales analizadas reflejan un panorama sociocultural totalmente distinto de un país a otro, aunque, como vemos más adelante, cuando nos ocupemos de la revista española, en nuestro país se esté queriendo imitar al sector anglosajón en lo que se refiere al formato y redacción del género.

Efectivamente, a pesar de sus intentos por emular las revistas de los países anglosajones, el mercado español de las bodas todavía sigue siendo un nicho más tradicional y mucho menos boyante que el comercializado en los países angloparlantes. Hecho que se ve reflejado, por ejemplo, en el número de publicaciones encontradas y en el grado de accesibilidad a la información recopilada. Es probable que tal contraste se deba a una mentalidad más familiar y, en el fondo, más religiosa de España. Por otra parte, la eclosión de la influencia consumista anglosajona en el mercado de las bodas español puede haberse visto truncada por la sobriedad que ha impuesto a nuestra sociedad la crisis económica que tuvo su origen en el *crash* financiero de 2008 (Ridoux, 2009).

Sin embargo, es importante apuntar que la presente investigación pretende, no tanto mostrar la importancia del mercado de las bodas a nivel económico, como fundamentalmente estudiar las publicaciones anglosajonas y las españolas con el fin de comparar el tipo de contenido que en ellas se alberga (organizado en diferentes disposiciones macroestructurales), así como el léxico y los recursos retóricos en ellas empleados. Es nuestra premisa que, a) dada la mayor atención prodigada a este género en los países de habla inglesa, la versatilidad y expresividad va a ser mayor en los textos de origen anglosajón y que b) estas se van a ver expresadas a varios niveles, con relación al corpus español. La finalidad última del trabajo es, además, llevar a cabo un estudio pre-traductológico de las diferencias a nivel genérico, léxico y retórico en los tres subcorpus que sometemos a estudio, dando cuenta de la disparidad y de las escasas concomitancias del género en los ámbitos anglosajón y español que va a encontrar el traductor profesional al enfrentarse a un encargo de este calibre: traducir una revista de novias.

En lo referido al género de la revista de novias y su traducción, cabe apuntar que no hemos hallado estudios que analicen los diversos rasgos genéricos y retóricos de dicha tipología textual. Tampoco existe en España una literatura que analice el fenómeno del rito matrimonial y su índole festiva, aunque sí haya importantes estudios en el campo anglosajón sobre el mercado de las bodas y sobre los factores comerciales que lo impulsan, como explicamos más adelante.

Dado que la mayor producción de la literatura analizada es originaria de los países anglosajones, como ya hemos mencionado, gran parte de las referencias científicas sobre el tema están en inglés o son traducciones al español de artículos en este idioma. Por otro lado, los ejemplos de películas, programas de televisión, etc., se mencionan bajo el nombre que han recibido dentro del ámbito español. En el caso de las películas, los ejemplos tomados de las mismas y citados de manera textual se han extraído directamente de la versión doblada de las mismas, con el fin de facilitar su comprensión.

Estructura del trabajo por capítulos

Además de la presente sección introductoria, el libro se divide en dos partes principales. La primera parte, en la que se incluyen los dos primeros capítulos, pretende ser una breve contextualización de nuestro objeto de estudio (las revistas de novias). La segunda parte, por otro lado, está compuesta por los tres capítulos restantes, en los que se presentan la metodología y el corpus, se detallan los resultados y la discusión y, por último, se describen las conclusiones extraídas del escrutinio realizado.

El Capítulo I, titulado «El mercado de las bodas», constituye el primer capítulo introductorio donde, a grandes pinceladas, se introduce al lector en el mundo de la industria nupcial, los factores que favorecen el consumo de los productos y servicios que enmarcan el evento nupcial. Por último, se ofrecen una serie de datos que contribuyen a ilustrar el impacto económico global del mercado.

El Capítulo II, «Las revistas de novias», está destinado, como su propio nombre indica, a presentar la naturaleza de nuestro objeto de estudio. Para ello, hacemos un breve recorrido por el concepto de género, destacamos los rasgos más singulares de las publicaciones nupciales y, en última instancia, hablamos de la presencia de tales revistas en los países elegidos para el escrutinio (EE. UU., Reino Unido y España).

El Capítulo III, denominado «Metodología y corpus de análisis», versa sobre la naturaleza del corpus elegido para el análisis y sobre la metodología seguida en el escrutinio del estudio.

El Capítulo IV, «Resultados y discusión», es la sección del libro donde se recogen los datos obtenidos en el análisis a tres niveles que hemos desarrollado. Así pues, se subdivide en varios apartados en los que se clasifican los resultados y la discusión del escrutinio de dichos niveles.

El Capítulo V, «Conclusiones y futuras líneas de investigación», es el último capítulo del libro y recoge las conclusiones extraídas del análisis del corpus. El capítulo concluye con una reflexión sobre las limitaciones del estudio y con una serie de propuestas sobre futuras líneas de investigación.

PARTE I

Capítulo I
El mercado de las bodas

El mercado de las bodas, conocido popularmente en inglés como *the Wedding Market*, se ha convertido en una industria que se ha expandido considerablemente en los últimos años y cuya cuna es Estados Unidos. Según el sitio web de estadística de bodas estadounidenses (afwpi.com), el mercado de las bodas en EE. UU. alcanzaría los treinta mil millones de dólares en 2005 (citado en Schiering, 2005, p. 18). Se trata de un sector que contribuye en gran medida al capitalismo dado que ayuda a crear una industria basada en las fantasías de las mujeres de un estatus y una seguridad basada en el matrimonio, simbolizado en la concepción de la boda como una práctica de consumo (Brown, 1994). El mundo de ilusión que gira alrededor de los potenciales clientes de dicho mercado, las novias mismas, está encuadrado dentro de un contexto cultural muy preciso en cada país. Tal concepción del matrimonio se ve reflejada, por ejemplo, en telenovelas, en películas famosas (*Novia a la Fuga, Cuatro Bodas y un Funeral, De Boda en Boda, Mi Gran Boda Griega*), novelas (*Wedding Season, Something Borrowed*), revistas de novias (*Brides, Comopolitan Bride*), series de televisión (*Marry Me*), etc.

Manifestaciones culturales de esta índole ayudan a despertar ciertos deseos en las novias y les muestran que una gran boda es la culminación de la vida de toda mujer, al tiempo que presentan una serie de productos como algo totalmente necesario para que una boda tenga éxito: desde los zapatos o el vestido de novia hasta las invitaciones de boda personalizadas o los tocados para el pelo. Toda boda, en consecuencia, idealiza el consumo gracias a la visión que se nos presenta a través de todos los medios mencionados anteriormente (Sgroi, 2006).

1. Narrativa y concepción de exclusividad

La unión entre una boda y el comercio es un ejemplo de narrativa. La narrativa, entendida como el acto de registrar historias, mitos y valores (Kristeva, 1982), es una de las características clave de los textos televisivos y cinematográficos, por ejemplo.

La narrativa incluye la historia, es decir, los hechos o eventos ordenados cronológicamente y la relación existente entre ellos; y el discurso: cómo se expresa y presenta dicha historia (Sgroi, 2006).

En lo que respecta al mercado de las bodas, especialmente en el anglosajón, la forma en que se presenta y cómo se expresa la historia es un punto clave de diversos medios que ensalzan el carácter exclusivo de toda boda. Y es que, realmente, es la exclusividad y unicidad lo que el mercado nupcial promulga cuando patenta la visión idealizada del evento matrimonial, es decir, representa las bodas como un evento único e irrepetible.

En películas, programas de televisión, publicaciones y otros medios, podemos ver cómo en numerosas ocasiones se habla de que una boda es un evento sin igual y de que las novias, a su vez, son únicas para sus futuros maridos (tal y como la prestigiosa organizadora de bodas Mary Fiore repite constantemente a clientes en potencia en la película *Planes de Boda*). Según ella, una pareja es especial por algún detalle en concreto, que el futuro del matrimonio de una pareja queda reflejado en pequeños detalles que se eligen en la organización de una boda; proceso que, según hemos podido comprobar a lo largo de nuestro estudio, denominan en todas las revistas de novias inglesas como *wedmin* (acortamiento o *clipping* que resulta de la unión de *wedding* y *administration*). De hecho, en la misma película, la organizadora de bodas afirma con rotundidad que la canción que se elige para el primer baile de los novios determina la duración de la pareja como matrimonio. Otro famoso filme, *Guerra de Novias*, propone que la novia es la mujer más guapa que se ha visto nunca. A continuación, se citan textualmente algunos de los ejemplos extraídos de las versiones dobladas en español de las películas anteriormente señaladas.

En lo referente al hecho de que las novias son únicas para sus futuros maridos, en dos ocasiones diferentes, la organizadora de bodas Mary Fiore se dirige de la siguiente forma a dos de sus clientas:

A la primera novia:

> Eres maravillosa, deslumbrante, eres la envidia de tu futura cuñada, Janice, en la prueba del vestido la oí decir: «¡Mira esos muslos! ¡Mataría por los muslos de Tracy!». Pero tienes algo más que eso: el amor de un hombre llamado Tom, un hombre que el otro día al entrar en el ensayo de la cena me dijo: «¿Cómo puede haberme escogido a mí? No puedo creerme que vaya a casarme con la mujer más guapa que he visto jamás». Y eso me dice que este matrimonio vuestro, no solo va a ir bien, sino que va a durar para siempre.

A la segunda novia:

> Eres maravillosa, deslumbrante, y tienes el amor de un hombre llamado Steve. Un hombre, que mientras tú estabas en reuniones sobre Mozzarella, me dijo: «¿Cómo puede haberme escogido a mí? No puedo creer que vaya a casarme con la mujer más increíble del mundo». Eso me dice que este matrimonio vuestro, no solo va a ir bien, sino que va a durar para siempre.

En la película *Guerra de Novias,* la archiconocida organizadora de bodas Marion St. Claire se dirige a las dos novias protagonistas, al verlas ya engalanadas para el día de su boda, de la siguiente manera:

A Olivia Lerner:

«¡Caray, Liv, Dios mío, eres la novia más guapa que he visto en mi vida!»

A Emma Allan:

«¡Emma, eres… eres la novia más guapa que he visto en mi vida!»

Los ejemplos aquí expuestos ilustran la visión que las organizadoras de bodas presentan a sus novias sobre sus bodas y sobre sí mismas. Por un lado, la boda es un acontecimiento único, exclusivo, totalmente original e irrepetible. Y ellas, por otro lado, son el centro de atención de ese gran día, la persona sobre la que todo el mundo posa la mirada a cada momento: la protagonista del cuento.

Igualmente, programas de televisión como el de David Tutera (*Mi Boda Perfecta*) o revistas de bodas como *Cosmopolitan Bride* hacen hincapié en la negable importancia de los pequeños detalles personales que toda boda ha de tener, contribuyendo una vez más a la concepción de exclusividad de las bodas. En *Mi Boda Perfecta,* a modo de ejemplo, David Tutera siempre empieza la organización del evento a partir de los pequeños detalles que la propia novia ha diseñado para su gran día y, a partir de ellos, desarrolla una temática completa y personal que será inigualable.

El carácter único de las bodas está ligado a la elección de productos, puesto que la propia elección de un producto u otro o la personalización de los mismos hablan de la identidad y el individualismo de la pareja. Según apunta Sgroi (2006), dicha práctica que permite a las novias expresarse a través de las elecciones personales de bienes y servicios nupciales ha sido siempre una ideología burguesa.

Para casi todas las novias, planear una boda es algo que solo ocurre una vez en la vida (Choy & Loker, 2004) y la mayoría de ellas no tiene mucha experiencia en el tema. Es por ello por lo que buscan el consejo de otras personas con el objetivo de preparar la «boda perfecta» (Thomas & Peters, 2011). Para que una boda sea «perfecta», toda novia ha de preocuparse por todos y cada uno de los más ínfimos detalles: desde la ceremonia o las flores, hasta la recepción, la tarta nupcial o el vestido.

Como vemos, la organización del evento es una práctica bastante compleja y, por esta razón, el papel del organizador u organizadora de bodas es crucial para las novias. El rol crucial de dicho profesional se ve reflejado en distintas películas de origen estadounidense, como es el caso de *Planes de Boda*, protagonizada por Jennifer Lopez, o *Adivina Quién*, con actores como Ashton Kutcher, Bernie Mac o Zoe Saldana. En ellas, los organizadores poseen grandes ideas para el diseño de una boda, como vemos en *Planes de Boda* cuando la organizadora Mary Fiore expone a la familia de Fran Donolly (sus posibles nuevos clientes) cómo imagina la boda:

Ahora que les conozco, lo primero que se me ocurre... veamos... noche, jardines botánicos Devon's, tiendas de tela tan fina que se vean las estrellas, muchas velas, porcelanas, exóticos árboles Worchin importados de..., estoy pensando en Dutchvill, no en una boda de época...

El papel de la dama de honor en el proceso de organización de la boda es también indispensable, en especial, dentro de la cultura inglesa y la estadounidense, ya que ayuda a la novia en todos los preparativos (ejemplo que también hemos podido ver en la gran pantalla con estrenos como *27 Vestidos* o *Guerra de Novias*).

2. FACTORES DECISIVOS EN EL CONSUMO DEL MERCADO NUPCIAL

Son muchos los factores que afectan a la hora de decidir acerca de los diferentes artículos o productos que una novia «necesita» para el mejor día de sus sueños. Entre ellos cabría destacar: la opinión de la familia, de los amigos, del novio, o la de otras novias (que se puede consultar en foros de novias *online*); los programas de televisión de novias (*La boda perfecta, Me pido ese vestido*); las revistas de novias (*Telva Novias, Cosmopolitan bride*); y las películas (*Novia a la fuga*) (Sgroi, 2006). La influencia del novio a la hora de planear una boda es considerable, sin embargo, planear una boda se considera como algo estereotipado y propio de la novia y, por esta razón, se considera que ellas son las verdaderas consumidoras dentro de este gran mercado (Humble, Zvonkovic, & Walker, 2008). Todos estos medios funcionan como una herramienta de aprendizaje que enseña a su público a emular y aprender esta forma de concebir las bodas (Sgroi, 2006).

Las revistas de bodas, en concreto, presentan una amplia gama de bienes y servicios «fundamentales» para que una boda sea ideal. Aunque se han hecho diversos trabajos sobre otros medios que afectan en estas decisiones de compra de las novias (Sgroi, 2006; Buckley, 2014; Dalrymple-Williams, 2004), las publicaciones nupciales son una de las fuentes de información más completas que pueda llegar a manos de una novia y, por ello, son nuestro objeto de estudio.

Como ya se ha comentado anteriormente, las revistas de novias son medios de información muy completos sobre la preparación y celebración de una boda y, en ellas, podemos encontrar información de muy diversa índole: vestidos y complementos de para la novia, reportajes de bodas, fotografías que sirven de inspiración para futuras bodas, joyas, vestidos y trajes para familiares e invitados, consejos sobre belleza (tratamientos, maquillaje, peluquería, manicura, etc.) o sobre cómo perder peso, la lencería, las flores, la tarta nupcial, listas de regalos, el catering, la bebida, el primer baile, los discursos, algunos elementos decorativos, lugares para celebrar la boda, el viaje de novios, el anillo de compromiso, las alianzas, etc.

Tanto en EE. UU. como en Reino Unido, estas publicaciones son un medio muy empleado. En EE. UU., por ejemplo, una de las que ha dominado el mercado durante largo tiempo ha sido la revista *Brides*. En sus inicios, contenía información acerca de todos los servicios que una novia necesita para la preparación de su boda, con apartados como: «Lo que llevará la novia», «La boda», «Lo que la novia da y espera recibir», «la novia crea un hogar» o «El primer año y artículos especiales». Con el paso del tiempo, dicha publicación, además de conservar sus contenidos iniciales, ha ampliado su repertorio añadiendo nuevos apartados como, por ejemplo, el de «Controlar el peso». Las modas han ido cambiando a lo largo de los años, pero los vendedores, fabricantes y minoristas se han adaptado, multiplicando el número de páginas con las que la revista contaba originariamente, pasando de las 86 a las 615 (Dalrymple-Williams, 2004).

El éxito en el mercado de una publicación, en particular de las revistas de novias, depende de diversos factores y el dinero es uno de sus cimientos de mayor importancia. El dinero que se invierte en la impresión, distribución, publicidad y contenido determina la supervivencia y el éxito de la misma dentro del mercado. Otro de los factores determinantes es el número de lectores. En el caso de la revista *You & Your Wedding*, según la información presentada en su página web oficial, el número medio de lectores es de 204 000. Dicho dato refleja el grado de aceptación de la revista por parte de su público; el hecho de que una publicación cuente con un gran número de lectores es un indicativo, por tanto, de que el producto responde a las necesidades de sus consumidores (Dalrymple-Williams, 2004).

Cabe mencionar que, aunque es bien sabido que la publicidad es una condición necesaria para garantizar la rentabilidad del género que nos ocupa, *publishingbiz.com* advierte que las editoriales deberían limitar o al menos controlar el número de anuncios publicitarios, ya que un uso ingente de los mismos puede llegar a ser agresivo y bombardear a los consumidores. Incluir los anuncios más apropiados puede contribuir a mejorar la efectividad de una revista de novias, mientras que una publicidad excesiva puede hacer peligrar su propósito principal (Dalrymple-Williams, 2004).

3. IMPACTO ECONÓMICO DEL MERCADO DE LAS BODAS

Antes de pasar a estudiar el discurso especializado de las publicaciones nupciales, queremos continuar con nuestro recorrido por el mercado nupcial y centrarnos, en esta ocasión, en ilustrar la importancia de las revistas de bodas dentro del sector y el éxito del que gozan en los países del estudio. Para ello, examinamos la presencia de dichos manuales en EE. UU., Reino Unido y, en menor medida (y dada la escasez de datos y estudios científicos referidos al tema) en España.

En el proceso organizativo de las bodas, las novias se convierten en consumidoras de una amplia y variada gama de productos y servicios que no adquirirían en su día a día. Por ello, son susceptibles de los ardides del *marketing* en cualquiera de sus facetas y sus hábitos de compra se ven altamente influenciados de diversas formas y desde ángulos muy distintos (Kalmijn, 2004).

La industria de las novias debe tener en cuenta el origen de tales influencias (que juegan un papel crucial en la toma de decisiones de la novia), con el fin de marcar el rumbo de compra de sus consumidores con unas estrategias de *marketing* u otras. Muchas son las rutas que los vendedores pueden seguir a fin de captar la atención de sus destinatarios (Buckley, 2014). Uno de ellos, como se ha mencionado antes en la enumeración de los factores más importantes, son los foros de debate en línea, cuya popularidad se ha visto incrementada con el paso de los años. En 2009, en EE. UU., el 77 % de las novias hizo uso de la red a modo de guía a la hora de decidir acerca de las compras que iban a realizar, hecho que no se limita al territorio estadounidense, sino que se produce en todo el mundo angloparlante. En numerosas ocasiones, las novias depositan una mayor confianza en la información que reciben de los foros que en la que reciben de las empresas, dado que la primera proviene directamente de otras novias que ya han pasado por esa misma experiencia. Se trata de una realidad a la que los vendedores han de prestar especial atención para conseguir su objetivo final: incentivar el consumo (Fong & Burton, 2013; Thomas & Peters, 2011).

Otro de los aspectos que los vendedores de la industria nupcial deben considerar son, por ejemplo, las tradiciones; es decir, todos aquellos aspectos o componentes que durante generaciones se han transmitido como fundamentales y que, por ende, se deben mantener (Buckley, 2014). Muchos creen que la ceremonia de una boda es un rito de tránsito, de entrada a la edad adulta (Otnes & Lowrey, 1993). El deseo de seguir las tradiciones afecta en gran medida a los hábitos de consumo de las novias (Buckley, 2014). Según Otnes y Lowry (1993), el vestido de novia, por ejemplo, es el artefacto sagrado del ritual de toda boda, pero otros rituales otorgan más importancia a que la celebración tenga lugar en una iglesia o a que haya una tarta nupcial.

Se han llevado a cabo varios estudios sobre los hábitos de compra de las novias y las motivaciones que subyacen a dichas decisiones (Otnes & Lowrey, 1993; Thomas & Peters, 2011). Sin embargo, dada la ingente inversión económica que se hace en los enlaces matrimoniales cada año en todo el mundo, así como el interés evidente de los vendedores en que los consumidores adquieran unos servicios u otros, es sorprendente que no exista mucha literatura disponible sobre el tema (Buckley, 2014). En Irlanda, según una encuesta realizada en 2015 por la página web de novias Mrs2Be, el promedio invertido en una boda es de 19 635 €, sin incluir la luna de miel. Para los vendedores resulta crucial entender cómo y por qué motivo una novia se decide por la adquisición de un producto u otro para su boda. Solo así, podrán satisfacer sus necesidades y, al mismo tiempo, incrementar sus beneficios (Buckley, 2014).

Con el fin de valorar la utilidad percibida por los consumidores del mercado nupcial de las publicaciones de bodas, como medio de consulta y factor que afecta a la toma de decisiones sobre la adquisición de bienes y servicios, en el próximo capítulo, hemos querido examinar la presencia dichos manuales en los países de nuestro estudio. Antes bien, hacemos un breve recorrido por el concepto de género y describimos de forma concisa cómo son las revistas de novias y los rasgos que las caracterizan. De esta manera, ofrecemos al lector un marco contextual más preciso que le permita comprender la naturaleza del género y del particular discurso especializado de las publicaciones de bodas en las culturas de origen.

Capítulo II
Las revistas de novias

1. EL GÉNERO: LAS REVISTAS DE NOVIAS

Antes de adentrarnos en el análisis del género que pretendemos estudiar hemos creído necesario definir sus características específicas, aquellas que lo hacen distinto a otros tipos de género editorial. Ahora bien, cabría preguntarse *a priori* qué entendemos por género.

Tal y como explica Swales (1981) el género es:

> *A recognizable communicative event characterized by a set of communicative purpose(s) identified and mutually understood by the members of the professional or academic community in which it regularly occurs. Most often it is highly structured and conventionalized with constraints on allowable contributions in terms of their intent, positioning, form and functional value. These constraints, however, are often exploited by the expert members of the discourse community to achieve private intentions within the framework of socially recognized purpose(s)*[1].

Sin embargo, Bhatia (2014, pp. 13-16) puntualiza algunos aspectos de esta definición. Según su obra, *Analysing Genre: Language Use in Professional Settings*, un género se caracteriza en primer lugar por su propósito o sus propósitos comunicativos y son estos los que lo definen y dotan de una estructura interna. La organización externa

---

[1] «Un evento comunicativo reconocible, que se caracteriza por una serie de propósito(s) comunicativo(s) mutuamente identificados y entendidos por los miembros de la comunidad profesional y académica en la que se da de forma habitual. La mayoría de las veces, se encuentra altamente estructurado y convencionalizado por las restricciones que operan dentro de lo permisible en lo que se refiere a su intención, su posicionamiento, forma y valor funcional. Sin embargo, hay ocasiones, en las que los miembros expertos de la comunidad del discurso explotan estas restricciones con el fin de lograr propósitos personales dentro del marco del/de los propósitos reconocidos a nivel social». (Mi traducción)

o macroestructura, por otro lado, se conforma también, según Rea & Orts (2011, pp. i-vii), gracias al propósito comunicativo. Según Bhatia, cualquier cambio significativo en dicho propósito puede dar lugar a otro género diferente; mientras que las modificaciones de menor importancia nos permiten distinguir los subgéneros, idea apoyada también por Rea & Orts (2011, pp. i-vii). Asimismo, el autor considera que, a pesar de que hay una serie de restricciones (*constraints*), el escritor goza de cierta libertad para realizar cambios, aunque bien es verdad que dichas alteraciones pueden ser percibidas por el lector como algo extraño o poco habitual.

La participación de los especialistas en la organización de los acontecimientos comunicativos y, en consecuencia, la configuración del género, es una idea de la que ya habló Swales (1990). Según Alcaraz (2013), el género es el resultado de esta estructuración de acontecimientos comunicativos y puede ser oral o escrito.

El género, según Rea & Orts (2011, pp. i-vii), nos permite conocer herramientas con las que los especialistas operan a la hora de comunicarse con la sociedad. Se trata, como vemos, de una perspectiva crucial para el traductor, dado que, gracias a ella, puede adquirir una noción de las herramientas comunicativas del texto al que se enfrenta, facilitando así la tarea traductológica.

El análisis de los géneros textuales puede realizarse a distintos niveles: el análisis del registro, un primer escrutinio superficial a nivel lingüístico; el análisis gramático-retórico, un análisis del lenguaje a nivel funcional; el análisis interaccional, es decir, a nivel discursivo; y el análisis del género, es decir, el contexto comunicativo de donde surge el texto y su propósito comunicativo (Bhatia, 2014, pp. 5-12). Con el fin de que el traductor que se enfrente al género editorial nupcial conozca los entresijos del mismo, de manera que pueda afrontar los diferentes problemas traductológicos, vamos a realizar un escrutinio a tres de los niveles diferentes: a nivel formal o superficial, a nivel discursivo o textual y a nivel pragmático o genérico.

Pero antes de pasar a la descripción de los niveles y a la metodología seguida en cada uno de ellos, consideramos necesario ahondar en los rasgos fundamentales que caracterizan a nuestro objeto de estudio.

2. Rasgos de las revistas de novias

En el mundo anglosajón, la mayoría de las portadas de las revistas de novias muestran a la novia lo que van a hacer por ella («Refuerza tus abdominales a tiempo para tu boda»), lo que le tienen reservado en un almacén («Encontrarás tu vestido entre los 180 que tenemos para ti») o lo que le irá bien («Consigue la mejor recepción por el menor precio») (Dalrymple-Williams, 2004). Toda revista de novias versa básicamente sobre la novia, sobre todo aquello que la hará sentirse la protagonista de ese día tan especial. Por otro lado, el *marketing*, la publicidad, etc., son algunas de las estrategias que han contribuido al éxito de las publicaciones dentro del mercado (Dalrymple-Williams, 2004).

La longevidad de las revistas es también, como apuntábamos anteriormente, signo de aceptación y de éxito. Según la obra *Starting or Running a Successful Newsletter or Magazine*, cuya autora es Cheryl Woodard (2006), hay una serie de pasos a seguir con la finalidad de que la vida de una publicación sea longeva dentro del mercado. El primero de ellos es establecer un vínculo con los lectores o el mercado. Si se consigue, según la página web *www.publishingbiz.com* (2015) la editorial puede explotar el mercado para satisfacer las necesidades de los lectores. Woodard añade que las revistas nuevas que, por el contrario, no consiguen establecer tal relación, tampoco consiguen alcanzar un número de lectores que resulte rentable. El segundo paso para crear una revista de éxito es conocer exactamente aquello que la audiencia desea leer, recopilar esa información de manera apropiada y consistente de forma que los lectores sientan el deseo de no cesar la lectura. De igual modo, el autor menciona que la mejor forma de hacer que resulte atractiva a los ojos de los consumidores es estudiar la competición vigente y diseñar atendiendo a dicha competición (Dalrymple-Williams, 2004).

3. LAS REVISTAS DE NOVIAS EN EE. UU., REINO UNIDO Y ESPAÑA

En este apartado, hemos querido examinar la acogida de las publicaciones de bodas dentro del marco editorial de los países de nuestro trabajo (EE. UU., Reino Unido y España). Con el objetivo de analizar el éxito del género editorial nupcial en los países estudiados y realizar una comparativa, mediante una exhaustiva búsqueda en la red, hemos contabilizado el número de revistas de novias existentes en cada país.

3.1. EE. UU.

En este subapartado, exponemos los resultados obtenidos en EE. UU., no sin antes ilustrar los datos globales por medio del siguiente gráfico.

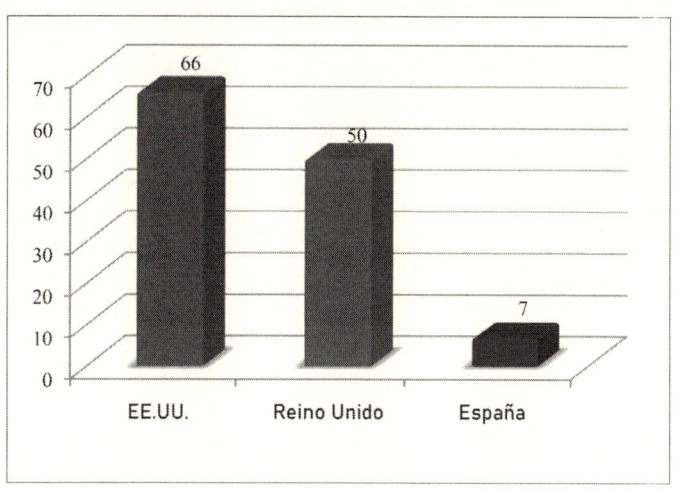

Gráfico 1: Publicaciones en EE. UU., Reino Unido y España

Como se puede observar en este gráfico de barras (Gráfico 1), el mercado editorial de las bodas es significativamente superior en los países de habla inglesa. Cabe resaltar igualmente la supremacía del estadounidense sobre el mercado de Reino Unido y la notable pobreza del español.

En EE. UU., a través de múltiples búsquedas en la red, se han descubierto 66 publicaciones, que se muestran seguidamente:

* African Bride USA
* Bibi Magazine
* Bliss Bridal Magazine
* Bridal Guide
* Bride & Groom
* Brides
* Brides of Oklahoma
* Buffalo Bride
* Cake Central Magazine
* California Wedding Day
* Celebrity Bridal Magazine
* Ceremony Magazine
* Chicago Bride
* Chicago Wedding & Party Resource
* Contemporary Bride Magazine
* Destination I Do Magazine
* Destination Weddings & Honey-moons
* DIY Wedding Magazine
* Exquisite Weddings by San Diego
* For the Bride
* Get Married
* Hawaii Bride & Groom
* Here Comes the Guide
* Inside Weddings
* InStyle Weddings Magazine
* Las Vegas Bride
* Latin Bride and Groom
* Manhattan Bride
* Martha Stewart Weddings
* Metro Detroit Magazine
* Metro Detroit Weddings
* MunaLuchi Bride
* New England Bride
* New Hampshire
* New Jersey Bride
* New York Weddings
* Portland Bride & Groom
* Premier Bride
* Sacramento Bride & Groom
* Saint Louis Bride Magazine
* Seattle Bride
* Seattle Met Bride & Groom
* Simply Chic Wedding
* Southern Bride Magazine
* Southern New England Weddings
* Southern New England Weddings Destination
* Spectacular Bride of Las Vegas
* Sposa Magazine
* Style me Pretty Wedding Magazine
* The Knot (New York)
* The Knot Magazine
* The Star Ledger
* The Wedding Experience
* Town & Country Weddings
* Utah Bride & Groom
* Veil Magazine
* Vermont Vows
* Wedding Cakes
* Wedding Planner & Guide
* Wedding Style
* Wedding with Style
* Weddings in Cleveland Magazine
* Weddings Magazine
* Weddings Unveiled Magazine
* WedLuxe Magazine
* Well Wed Magazine

Tabla 1: Publicaciones de EE. UU.

Con el fin de recabar más información sobre el número de páginas, publicaciones, etc., hemos tratado de ponernos en contacto con muchas las revistas mediante correos electrónicos, pero, lamentablemente, no hemos obtenido respuesta. La información que finalmente hemos podido adquirir ha sido gracias a sus respectivas páginas web (ver Tabla 23, en Anexos).

Como se indica en la Tabla 23, la periodicidad de las publicaciones estadounidenses es de muy diverso tipo. Algunas de ellas tienen una periodicidad mensual (como *New England Bride* o *New York Weddings*); otras constan de cuatro publicaciones al año y coinciden con las estaciones del año (como *Latin Bride & Groom* o *Chicago Bride*); otras publican dos veces al año: invierno-primavera, verano-otoño (como *Hawaii Bride & Groom* o *Seattle Bride Magazine*); y otras son anuales (como *Southern New England Weddings Destination* o *Southern New England Weddings*).

En cuanto al alcance territorial, existen publicaciones internacionales, como *Style Me Pretty*, que, según la presentación de su página web, recopila las mejores bodas y vendedores de todo el mundo. Un segundo tipo son las nacionales, con contenido del propio país, como *Sposa Magazine*. Un tercer tipo son las revistas de contenido de una zona o región en particular, es decir, aquellas cuyas fronteras no son las estatales, tal es el caso de *Southern Bride Magazine*, que está orientada a la zona sur de Estados Unidos y que se puede adquirir en lugares como Missouri o Texas; o *Bride & Groom* que, según su página web oficial, se dirige a las regiones de Texas (Houston, Dallas, Fort Worth y Austin) y Florida (en concreto, a la costa oeste). El contenido de otras de ellas se recopila a nivel regional y, por tanto, recogen historias de bodas reales que se hayan celebrado en la región, direcciones de tiendas del lugar y sus respectivos productos, contactos de profesionales *ad hoc* (fotógrafos, organizadores de bodas, floristas, etc.), lugares locales para celebrar la boda, etc.; hablamos de revistas como *Spectacular Bride of Las Vegas* y *Saint Louis Bride*.

Algunas de las publicaciones constan de varias ediciones de distintos lugares de Estados Unidos. Por ejemplo, *Here Comes the Guide* cuenta con dos ediciones: una para Carolina del Norte y otra para Carolina del Sur; y *Contemporary Bride Magazine* también consta de una edición de Nueva Jersey y otra de Nueva York: *NJ Contemporary Bride* y *NY Contemporary Bride*. Por otro lado, *Well Wed Magazine* y *Vermont Vows* son un conjunto de revistas de novias publicadas por Literati Creative Group: *Vermont Vows, WellWed Magazine; New York, WellWed Magazine; Cape Cod, Nantucket & Martha's Vineyard Magazine; Hamptons, WellWed Magazine;* y *Maine & New Hampshire Magazine*.

En cuanto al contenido, algunas publicaciones recopilan todo tipo de aspectos relacionados con la boda, como *Inside Weddings* o *Bridal Guide;* mientras que otras se centran en algún aspecto concreto de la boda como, por ejemplo, *Cake Central Magazine,* cuyos contenidos versan capitalmente sobre las tartas nupciales, famosos decoradores de tartas profesionales, recetas, tutoriales, últimas tendencias y muchas cosas más para principiantes que deseen convertirse en verdaderos profesionales del sector. La revista *Destination Weddings & Honeymoons* se enmarca dentro de este grupo, ya que, aunque recopila otros contenidos como los vestidos, la tarta nupcial o las invitaciones, entre otros; su contenido principal son los distintos destinos para la celebración de la boda y la luna de miel.

Otro dato reseñable es que, en Estados Unidos, no todas las revistas se dirigen al conjunto de la población, sino que hay publicaciones que se orientan a grupos más reducidos. Un claro ejemplo es *African Bride Magazine,* que está diseñada especialmente para novias de origen afroamericano.

En lo referente al número de páginas, no ha resultado tarea fácil recabar esta información, puesto que no todas las páginas web permitían consultar varios ejemplares de la misma revista para, así, poder comprobar el promedio de páginas de las que suelen constar. Sin embargo, sí hemos detectado una gran oscilación entre las publicaciones estadounidenses, en general. Existen revistas menos extensas que cuentan con entre 30 y 80 páginas (*New England Bride, Bride & Groom*), pero también publicaciones de unas 300 (*InStyle Weddings Magazine*) y otras incluso que superan las 600 (*Here Comes the Guide*).

La mayoría tienen su propia página web, blog y página en redes sociales (*Facebook, Instagram,* etc.). A modo de ejemplo, presentamos la captura de pantalla de la página oficial de *Facebook* de la revista estadounidense *Bridal Guide* en la Ilustración 1 (ver Anexos). Muchas de las páginas web ofrecen la posibilidad de leer la revista completa *online,* como vemos en la captura de pantalla de la revista *Style Me Pretty* (ver Ilustración 2 en Anexos).

Más aún, algunas páginas web no solo hacen posible consultar la última publicación de una revista en línea, sino que también podemos acceder a números anteriores de la misma y leerlas por completo *online.*

Incluso, como se puede advertir en la Ilustración 3 (en Anexos), hay publicaciones que además de poder visualizarse en línea, otorgan acceso a las páginas web y a los productos anunciados en la revista por medio de hipervínculos (ej. *Utah Bride & Groom, Style Me Pretty Magazine*).

En la Ilustración 4 (en Anexos), vemos cómo algunas publicaciones permiten, además de lo mencionado arriba, navegar por la revista a través de los índices de contenido, es decir, hacer clic en un apartado del índice y desplazarse directamente por medio de hipervínculos a una sección determinada de la revista.

Otras, en cambio, posibilitan la descarga en formato PDF de la revista: *Metro Detroit Weddings, New England Bride,* entre otras.

Las páginas web oficiales de las publicaciones de bodas ofrecen, además, información de los diferentes negocios en los que podemos adquirir los productos anunciados en las revistas. Una vez más, mediante hipervínculos accesibles desde la visualización *online* de las publicaciones, se nos redirige a las páginas oficiales de los vendedores. En la página de *Southern Bride Magazine,* por ejemplo, podemos acceder a un listado de recursos organizado por regiones que nos da acceso directo a los mismos y, a su vez, están ordenados por temáticas: *accommodations, bridal fashion, bridal party, cakes and catering, ceremony & reception sites, entertainment, event planning, favors & gifts, florists, gift registry & home decor, honeymoons & destination weddings, health and beauty, invitations & stationery, jewelry, photography & videography, rentals & decor* y *special services.*

Los contenidos enumerados arriba se han mantenido en su versión en inglés con el fin de retener su expresión original.

3.2. **Reino Unido**

En el caso de Reino Unido, utilizando las mismas herramientas que en el caso anterior, se han recopilado un número considerable de publicaciones (50 en total):

* *An Essex Bride Magazine*
* *An Essex Wedding Magazine*
* *Asian Bride Magazine*
* *Asiana Wedding Bride*
* *Attitude-Love and Marriage magazine*
* *Belle Bridal Yorkshire Magazine*
* *Berkshire, Buckinghamshire & Oxfordshire Bride Magazine*
* *Bride Magazine*
* *Brides*
* *Cheshire & Lancashire Bride Magazine*
* *Cheshire Bride*
* *Cosmopolitan Bride*
* *Cotswold Bride Magazine*
* *County Wedding Magazine*
* *Dorset, Wiltshire & Hampshire Bride Magazine*
* *Getting Married in Northern Ireland*
* *Hertfordshire, Bedfordshire & Cambridgeshire Bride Magazine*
* *Kent Bride Magazine*
* *London Bride Magazine*
* *Norfolk and Suffolk Bride Magazine*
* *Perfect Wedding*
* *Rock My Wedding*
* *Scottish Wedding Directory*
* *South West Bride Magazine*
* *Surrey Bride Magazine*
* *The Wedding Dress*
* *Ultimate Wedding Magazine*
* *Wedding Cakes Magazine*
* *Wedding Flowers & Accessories*
* *Wedding Ideas*
* *Wedding Magazine*
* *Yorkshire Bride Magazine*
* *You & Your Wedding*
* *Your Berks, Bucks & Oxon Wedding Magazine*
* *Your Bristol & Somerset Wedding Magazine*
* *Your Devon & Cornwall Wedding Magazine*
* *Your East Anglian Wedding Magazine*
* *Your East Midlands Wedding Magazine*
* *Your Hampshire & Dorset Wedding Magazine*
* *Your Herts & Beds Wedding Magazine*
* *Your Kent Wedding Magazine*
* *Your London Wedding Magazine*
* *Your Manchester Wedding Magazine*
* *Your Merseyside Wedding Magazine*
* *Your North East Wedding Magazine*
* *Your South Wales Wedding Magazine*
* *Your Surrey Wedding Magazine*
* *Your Sussex Wedding Magazine*
* *Your West Midlands Wedding Magazine*
* *Your Yorkshire Wedding Magazine*

Tabla 2: Publicaciones de Reino Unido

Por medio de correos electrónicos hemos tratado de contactar con distintas revistas con el fin de recabar más información y que fuera lo más completa posible. Por desgracia, la única información que hemos conseguido ha sido, como en el caso de EE. UU., gracias a sus respectivas páginas web oficiales, dado que no hemos obtenido respuesta a nuestros correos. Toda la información recopilada se ha arrojado en la Tabla 24 (ver apartado de Anexos).

Como en el caso de EE. UU., se ha comprobado que un alto porcentaje de las revistas consta de su propia página en redes sociales y de una página web oficial, en la que se recoge información relativa al contenido. *County Wedding Magazine*, por ejemplo, nos ofrece la posibilidad de realizar una búsqueda de contenido personalizada según los temas que en ella se cubren (ver Ilustración 5, en Anexos).

En la mayoría de las páginas web, nos brindan la posibilidad de leer la revista completa en línea, como la revista *Asian Bride Magazine* (ver Ilustración 6, en Anexos).

Una vez más, en casi todas las páginas web es posible acceder a ejemplares anteriores de la misma revista y consultarlas por completo en línea.

El contenido de muchas de ellas es nacional (ej. *Wedding Ideas Magazine*, *Wedding Magazine*), es decir, recopilan información de diferentes eventos celebrados en todo el país, de negocios de distintas regiones y de sus respectivos productos, etc. En Reino Unido, ciertas publicaciones crean sus propias revistas a nivel regional, como es el caso de *Bride Magazine* que, como se puede comprobar en su página web oficial, consta, además de la revista nacional, de otras doce enfocadas en las siguientes regiones: *Norfolk & Suffolk Bride Magazine*; *Berkshire, Buckinghamshire & Oxfordshire Bride Magazine*; *Essex Bride Magazine*; *Kent Bride Magazine*; *Surrey Bride Magazine*; *Dorset, Wiltshire & Hampshire Bride Magazine*; *Hertfordshire, Bedfordshire & Cambridgeshire Bride Magazine*; *Yorkshire Bride Magazine*; *South West Bride Magazine*; *London Bride Magazine*; *Cheshire & Lancashire Bride Magazine*; y *Cotswold Bride Magazine*.

Otro signo de la gran prolijidad de revistas en este país angloparlante es la existencia de editoriales que publican más de una revista nupcial. Tan solo la editorial *County Wedding Magazines* cuenta con 18 publicaciones diferentes y todas ellas tratan contenido a nivel local.

La periodicidad de las revistas, al igual que en el caso de las estadounidenses, presenta una gran variedad: algunas constan de hasta 13 publicaciones al año; otras tienen seis y, por tanto, son bimensuales (ej. *Ultimate Wedding Magazine*, *Your Yorkshire Wedding Magazine*); algunas publican en cada nueva estación y son, por tanto, cuatrimestrales (ej. *Wedding Cakes Magazine*, *Scottish Wedding Directory*); otras constan de dos publicaciones anuales, invierno-primavera y verano-otoño (ej. *Perfect Wedding*); y existen otro grupo de revistas anuales (ej. *Norfolk and Suffolk Bride Magazine*, *Kent Bride Magazine*).

En lo referente al número de páginas, hemos detectado una variación según el alcance territorial de las publicaciones. Por un lado, algunas publicaciones cuentan con un número muy reducido de páginas, entre 15 y 40 (ej. *Berkshire, Buckinghamshire &*

Oxfordshire Bride Magazine, Cotswold Bride Magazine); otras se sitúan entre las 60 y las 80 páginas (ej. *Norfolk and Suffolk Bride Magazine, Cheshire & Lancashire Bride Magazine*); otras entre 200-350 páginas (ej. *County Brides Magazine, You & Your Wedding*); y otras superan incluso las 450 páginas (ej. *Asiana Wedding Bride*).

En cuanto al contenido, revistas como *Cosmopolitan Bride* recogen información de todos y cada uno de los aspectos relacionados con la boda y otras, como *Cake Wedding Magazine*, se centran en aspectos más específicos, en este caso, la tarta nupcial.

Cabe resaltar que, entre las publicaciones recopiladas de Reino Unido, hemos hallado algunas que, de alguna manera, se dirigen a una parte en concreto de la población o que sus contenidos se enmarcan dentro de una cultura determinada, tal es el caso de *Asian Bride Magazine* o *Asiana Wedding Bride*.

3.3. España

En España, al igual que en los casos anteriores, hemos realizado diversas búsquedas masivas en internet, con objeto de encontrar las revistas de bodas que funcionan como instrumento difusor del mercado nupcial. Sin embargo, la información más significativa que se ha obtenido no ha sido por dicho medio, sino a través de contactos, correos electrónicos y llamadas telefónicas. En la Tabla 25 (ver Anexos), podemos ver las publicaciones halladas y la información recopilada acerca de cada una de ellas. Se han localizado un total de 7 revistas:

• *Casar-se a Catalunya*	• *Novias de Pasarela*
• *Hola Novias*	• *Telva Novias*
• *Lucía Se Casa*	• *Vogue Novias*
• *Novias de España*	

Tabla 3: Publicaciones de España

La primera publicación encontrada, gracias a un contacto, fue *Telva Novias* y, a partir de esta, contactando con los publicistas de *Telva Novias* por correo electrónico, supimos de la existencia de otras como *Vogue Novias* o *Lucía se Casa*. En primera instancia, intentamos contactar con la revista *Telva Novias* por teléfono, pero no nos ofrecieron información sobre la publicación, ni sobre otras revistas similares en España.

En varias búsquedas en la red, localizamos una página web llamada www.webnovias.com, donde encontramos otras publicaciones: *Novias de Pasarela, Novias de España, Casar-se a Catalunya*. Gracias al teléfono proporcionado por la página, nos pusimos en contacto con el diseñador gráfico D. Miguel Ángel Martínez Franco, quien nos proporcionó, a través de un correo electrónico, información sobre las publicaciones anteriormente mencionadas, a la cual no se podía acceder a través de la página web.

Según la información propinada, la revista *Novias de España* tiene una tirada de 30 000 ejemplares, *Novias de Pasarela* una de 30 000 en España y 20 000 en Europa, y *Casar-se a Catalunya* una de 10 000. La periodicidad de *Novias de España* es cuatrimestral con publicaciones en febrero, junio y octubre; la de *Novias de Pasarela* es bianual, con publicaciones en junio y noviembre; y la de *Casar-se a Catalunya* es también cuatrimestral, con publicaciones en enero, mayo y septiembre.

Asimismo, llamando por teléfono a papelerías para preguntar qué publicaciones suelen tener a la venta y cuáles son las más demandadas, hemos sabido de la existencia de otras revistas, como *Hola Novias*. Sin embargo, de esta última publicación, en particular, no se ha podido recabar más información porque, aunque nos hemos dirigido a sus editores por correo, no hemos obtenido respuesta. De *Vogue Novias* y *Lucía se Casa* tampoco se ha podido recopilar más información ya que tampoco han contestado a los correos electrónicos y no se ha encontrado un teléfono para poder contactar con sus publicistas o editores directamente.

La mayoría tienen página web propia, aunque algunas de ellas, como *Vogue Novias*, tan solo tienen una parte de la página web de la revista principal. *Telva Novias*, por ejemplo, sí que tiene su página web y su página en *Facebook*. No todas ellas tienen su propia página en redes sociales, solo *Telva Novias* y *Lucía Se Casa* (ver Ilustración 7, apartado de Anexos).

Cabe mencionar que no existe la posibilidad de leer dichas revistas *online*. Las páginas web tampoco recopilan ejemplares anteriores de sus publicaciones, como hacen las estadounidenses o las de Reino Unido.

De la recopilación realizada podemos extraer que, en general, las publicaciones de novias en EE. UU. y Reino Unido son mucho más numerosas y la información sobre las mismas es más accesible a los usuarios. Asimismo, en EE. UU. y Reino Unido, no solo hay un número superior de publicaciones, sino que estas son en sí mucho más variadas que las españolas a nivel de contenido, número de páginas y periodicidad.

Consideramos que la superioridad numérica de las publicaciones nupciales en los países angloparlantes puede deberse al mayor asentamiento y tradición de dichas revistas en el mercado de las bodas.

PARTE II

Capítulo III
Corpus y desarrollo metodológico

1. Corpus de estudio

Una vez enmarcado nuestro objeto de estudio, procedemos a describir el corpus seleccionado para el análisis y a explicar la metodología que se ha seguido en la presente investigación.

El corpus está conformado por tres publicaciones de bodas: la revista estadounidense, *Brides;* la revista británica, *You & Your Wedding;* y la revista española, *Telva Novias.* El motivo de selección de las tres publicaciones es que son revistas de la cabecera de referencia del género editorial nupcial en sus respectivos países de origen.

La información detallada que se expone, a continuación, sobre el corpus de estudio se ha obtenido a través de internet y solicitándola de manera expresa mediante llamadas telefónicas y correos electrónicos a editores y publicistas de las revistas. Dichas llamadas y correos electrónicos se realizaron en los meses de febrero y marzo de 2016.

La revista estadounidense, *Brides,* tiene una tirada de 308 996 ejemplares y publica 6 veces al año, es decir, cada dos meses (diciembre-enero, febrero-marzo, abril-mayo, junio-julio, agosto-septiembre, octubre-noviembre). Según su página web oficial, se trata de la mayor publicación de novias del mundo. Su audiencia total es de 5 576 000 personas, de una edad media de 34,4 años, de las cuales el 94 % son mujeres. El ejemplar elegido para el corpus es el último ejemplar emitido hasta el periodo de análisis de las revistas: *Brides December-January* (2015-2016). Dicho ejemplar consta de 350 páginas a color, se ha conseguido en formato PDF no procesable y ha sido adquirido tras diversas búsquedas en internet.

Por otro lado, la revista de Reino Unido, *You & Your Wedding*, tiene una tirada de 31 419 ejemplares y publica también 6 veces al año con ejemplares bimensuales. Según su *Media Kit* o boletín que recoge la información publicitaria sobre una revista para los medios de comunicación, es la marca referente en Reino Unido. El total de su audiencia es de 1 200 000 y la edad media de sus lectores se sitúa en los 37 años. El 89 % de los lectores son mujeres. El ejemplar seleccionado, que cuenta con 350 páginas a color, es el último publicado hasta el momento del análisis: *You & Your Wedding December-January* (2015-2016). Como en el caso anterior, se trata de un ejemplar adquirido por internet en formato PDF no procesable.

Por último, la revista española, *Telva Novias*, tiene una tirada de 52 000 ejemplares y publica dos veces al año, en febrero y en septiembre. Es la revista pionera en el mercado editorial nupcial español y la cabecera de referencia. Se desconocen el resto de los datos porque, según los encargados de publicidad con los que nos pusimos en contacto por correo electrónico, la revista no está auditada. El ejemplar elegido es coetáneo de las dos inglesas: *Telva Novias Febrero* (2016). Consta de 236 páginas y está en formato papel, ya que su formato *online* es inexistente y se adquirió, por tanto, mediante su compra en una papelería de la población de San Javier (Murcia).

Todas las revistas tienen página web oficial y página en *Facebook*.

Al inicio de la elaboración del estudio, se hicieron múltiples intentos de convertir los archivos PDF no procesables en algún tipo de archivo digitalmente manejable, para emplear en el análisis *software* de gestión de corpus y análisis de texto, como *Sketch Engine* o *Antconc*, pero las herramientas de conversión no fueron capaces de trasladar el contenido completo de las tres publicaciones. Dicho *software* habría posibilitado contabilizar el texto y extraer, de forma casi inmediata, una serie de datos masivos que habrían facilitado y agilizado el escrutinio del corpus.

2. METODOLOGÍA

Con el fin de corroborar o desmentir las premisas planteadas en la sección introductoria y como ya adelantábamos en el Capítulo II, hemos desarrollado un estudio a tres niveles: el nivel discursivo o ideacional, el nivel léxico o formal y el nivel pragmático o interpersonal.

En el primer nivel, el fenómeno estudiado es la macroestructura del género editorial nupcial. En concreto, damos cuenta de los contenidos proposicionales que conforman la macroestructura de las publicaciones y analizamos y contrastamos la jerarquización de dichos contenidos en las culturas elegidas. Para el análisis de los contenidos proposicionales, hemos hecho un recuento de cada una de las páginas dedicadas a cada contenido y, acto seguido, se han contrastado los resultados entre las publicaciones, siempre en función del número de páginas de cada una.

En el segundo nivel, el nivel formal, estudiamos el fenómeno de la neología, por ser uno de los aspectos más ubicuos a nivel lingüístico del discurso especializado de las publicaciones de novias y una de sus señas de identidad. Este escrutinio ha consistido en la identificación y clasificación de los recursos neológicos. Dicho proceso se ha hecho en base a la taxonomía *ad hoc* que hemos creado para el estudio y que se describe en el siguiente capítulo. Una vez recopilados, se ha procedido a cotejar las semejanzas y diferencias halladas entre una revista y otra.

El último nivel, el nivel pragmático, está centrado en el estudio del tenor del texto como pauta que marca el nivel de especialización/no especialización y formalidad/

informalidad del mismo. Con el fin, por tanto, de determinar el carácter más o menos especializado o divulgativo de las publicaciones y dar cuenta del tipo de relación interpersonal emisor-receptor, se ha examinado el grado de coloquialidad de las expresiones empleadas en las revistas y se ha observado la complejidad oracional, el uso de la 1.ª o la 3.ª persona, el uso de la pasiva, etc.

Se ha analizado la totalidad de páginas incluidas en las publicaciones de bodas del corpus, incluyendo títulos, artículos, anuncios, contenido textual de las imágenes, etc. El escrutinio del corpus se ha realizado desde una perspectiva cualitativa y, dado el formato ya señalado del corpus, el análisis se ha llevado a cabo forzosamente de manera manual.

Capítulo IV
Resultados y discusión

1. ÁMBITO DISCURSIVO: ANÁLISIS DE LA MACROESTRUCTURA

Como ya anticipábamos en la sección introductoria, el objetivo de la presente investigación es realizar un análisis contrastivo del género editorial nupcial en inglés americano, en inglés británico y en español para, así, poder dar cuenta de los rasgos característicos del género en las distintas culturas. Pretendemos, por tanto, que nuestro estudio pretraductológico otorgue al futuro traductor un primer acercamiento al género y, en especial, al discurso especializado de las revistas, de forma que pueda tomar las decisiones más adecuadas al traducir un encargo de esta índole.

La primera fase del escrutinio, como bien apuntan Rea & Orts (2011, pp. i-vii), es un análisis a nivel textual, más allá del oracional, lo cual implica reconocer los instrumentos lingüísticos que lo constituyen y la organización lingüística de los mismos. En la investigación, vamos a centrarnos en explicar cómo esa organización se expresa a través de la macroestructura del texto mismo. Sirviéndonos de la distinción que hace Halliday en torno al nivel ideacional (el contenido proposicional), interpersonal (el tenor y la actitud o *stance* del emisor al receptor) textual o gramatical (Halliday, 1975), comprobamos si los contenidos proposicionales, o ideacionales, se repiten de una revista a otra. Según postulamos, dado que las publicaciones pertenecen a culturas del todo distintas, van a existir ciertas diferencias en la elección por parte de los redactores de los contenidos proposicionales.

Para realizar la comparativa de los contenidos proposicionales de las publicaciones que componen el corpus, hemos desarrollado, en primer lugar, un listado que recoge todos los contenidos identificados en las revistas y se han ordenado por temática en la siguiente tabla:

- Vestidos de novia
- Complementos para la novia
- Anillos de compromiso y alianzas
- Seguro para el anillo
- Otras joyas
- Novio: traje y complementos
- Dama de honor: vestido y complementos
- Madre de la novia: vestido y complementos
- Madre del novio: vestido y complementos
- Invitadas: vestido y complementos
- Pajes: vestido y complementos
- Niñas: vestido y complementos
- Diseñadores famosos
- Perfumes de mujer
- Maquillaje: productos y consejos
- Peinado: consejos
- Consejos sobre el cuidado del pelo
- Consejos sobre el cuidado de la piel
- Consejos sobre el cuidado de las uñas
- Consejos para estar en forma
- Organizadores de boda
- Diseño de las invitaciones
- Coche de la boda
- Seguro del coche
- Lugar de la ceremonia
- Lugar de la boda
- Diseño del lugar de la boda
- Diseño del menú
- Ramo de flores
- Flores: tocados y diseño del lugar de la boda
- Comida: catering (sin dulces)
- Tarta nupcial
- Otros dulces
- Bebidas: consejos
- Música
- Baile: consejos
- Regalos para los invitados
- Regalos para los novios
- Destinos para la luna de miel
- Decoración del hogar (menos la cocina)
- Decoración del hogar: la cocina
- Consejos sobre los discursos
- Apps y páginas web
- Fotografía
- Artículos de bodas reales
- Otros detalles (álbumes, cajas, velas)
- Portada, índice, direcciones
- Páginas sin relación

Tabla 4: Contenidos proposicionales

Aquellos temas en los que se ha detectado una mayor disparidad entre las publicaciones analizadas se han subdividido para llevar a cabo un examen más profundo, tal es el caso de las flores, por ejemplo, tema que se ha dividido en los siguientes apartados: ramo y complementos (tocados para el pelo, cinturones, etc.) y elementos decorativos del lugar de la boda (centros de mesa, lámparas, etc.). Otro apartado en el que se ha indagado a fondo ha sido en el vestuario de los asistentes a la boda: de las invitadas, de la madre de la novia y el novio, del novio, de la dama de honor, de las niñas y de los pajes.

El análisis de la macroestructura nos ha permitido verificar qué contenidos proposicionales son comunes en todas las revistas y cuáles son exclusivos de alguna de ellas.

Antes de exponer en detalle los resultados de la macroestructura del género, cabe mencionar que, desde el punto de vista de la estructuración del género, se ha observado que la macroestructura es irregular, dado que se van intercalando contenidos de manera aleatoria. El único patrón que siguen todas ellas es que los lugares para celebrar la boda y los destinos de la luna de miel suelen ir emplazados de la mitad de la publicación en adelante, intercalados siempre con otros contenidos. Otro elemento común a todas ellas es que los índices no son índices en sí de partes de la revista, sino anticipos de contenido que pueda resultar más interesante y que aparece en las páginas siguientes, como podemos ver en el ejemplo extraído de la revista *Brides* (ver en la sección Anexos la Ilustración 8). Estas listas de contenido constan de varias páginas que no son correlativas, sino que tras cada cierto número de páginas vuelve a aparecer una breve tabla de contenidos.

Para su mejor visualización, se han organizado los contenidos proposicionales en las diez siguientes categorías:

• **Novia:** Vestidos, complementos y perfumes • **Organizadores**: fotógrafos, organizadores de boda y diseñadores • **Joyas**: anillos de compromiso, alianzas, compañías de seguros y otras joyas • **Belleza**: maquillaje, peinado, cuidado de la piel y estar en forma • **Diseño**: diseño del lugar de la boda y la luna de miel, diseño menú e invitaciones, música, baile, coche nupcial	• **Flores**: ramo de novia, tocados y diseño del lugar de la boda • **Decoración del hogar:** decoración de la casa y de la cocina • **Regalos**: para los novios y para los invitados • **Vestuario de los asistentes:** novio, damas de honor, madre del novio y de la novia, niñas, pajes y otros.

Tabla 5: Categorías análisis de la macroestructura

En los siguientes gráficos presentamos los resultados obtenidos:

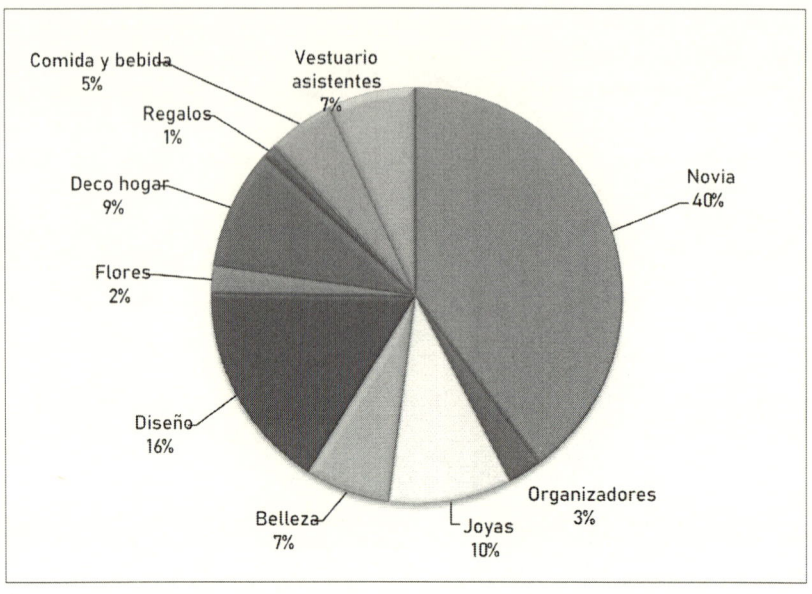

Gráfico 2: Resultados análisis de la macroestructura (*Brides*)

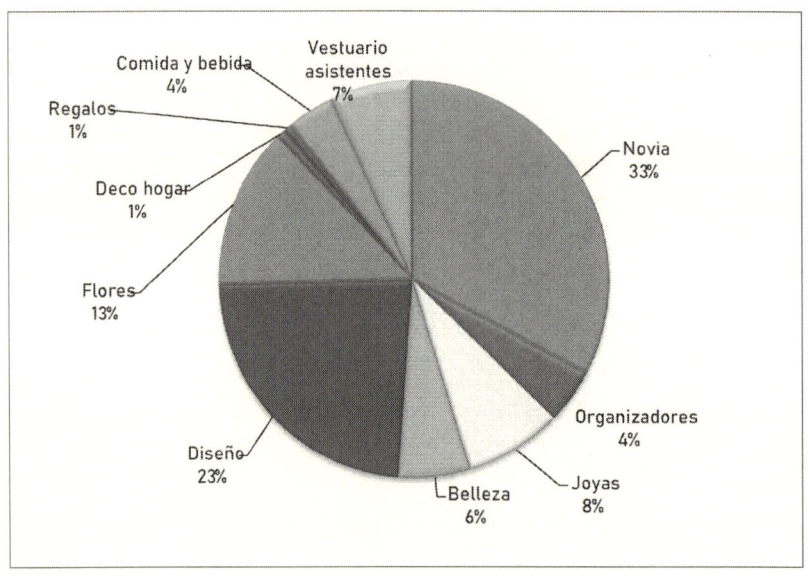

Gráfico 3: Resultados análisis de la macroestructura (*You & Your Wedding*)

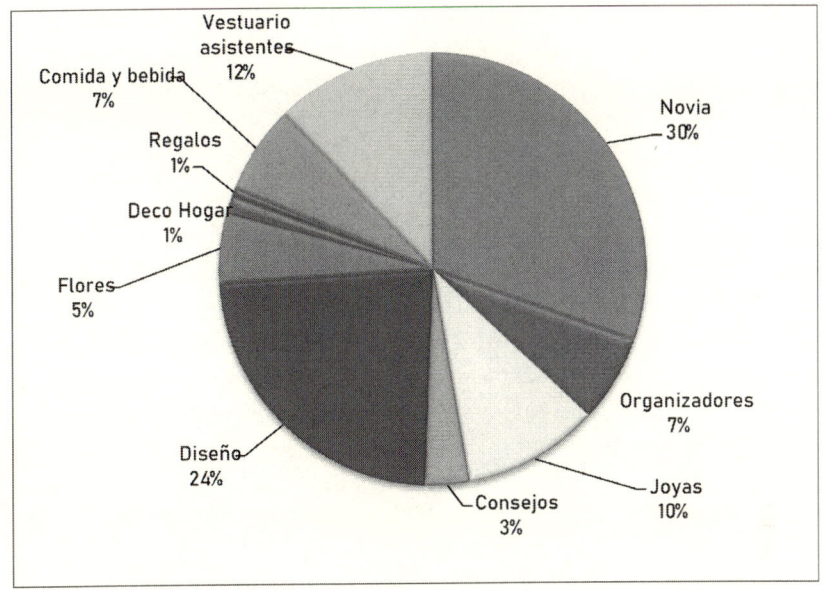

Gráfico 4: Resultados análisis de la macroestructura (*Telva Novias*)

En los gráficos aquí expuestos se detectan a simple vista las diferencias encontradas en los parámetros seleccionados para el análisis discursivo. Según los datos examinados, el porcentaje destinado a los vestidos de la novia, a sus complementos y a los perfumes es bastante significativo en todas las revistas. También encontramos resultados similares en las joyas, en el diseño del lugar de la boda y la luna de miel, los regalos o en el parámetro «Belleza». Aquellos aspectos en los que hemos detectado diferencias más notorias son en el «Vestuario de los asistentes» y en el de «Organizadores», cuyo porcentaje es mayor en la española. Por otro lado, también cabe mencionar que la estadounidense destina un porcentaje superior a las demás en lo que se refiere a la decoración del hogar y que la publicación de Reino Unido otorga una mayor importancia a las flores que sus dos homólogas.

Sin embargo, como creemos que las mayores diferencias a nivel de contenido se encuentran en los contenidos más concretos y que estos son apenas perceptibles, para profundizar en el escrutinio y examinar en detalle tales disparidades, exponemos, a continuación, una comparación de los resultados obtenidos en cada ítem de los diez parámetros analizados. Dichos datos aparecen en el Gráfico 9 y la Tabla 26 (ver Anexos), en la que se recoge el porcentaje de aparición en las revistas de cada uno de los contenidos.

El contenido principal de todas las publicaciones son los vestidos de novia, que aparecen en un 46,39 % de la revista de EE. UU., en un 41,71 % de la de Reino Unido y en un 38,98 % de la de España. Otros contenidos en los que encontramos un porcentaje bastante similar son los siguientes: los perfumes de mujer, los consejos sobre las bebidas y los regalos para los novios.

De los anillos de compromiso y alianzas podemos afirmar que, aunque es un tema que aparece en todas las publicaciones, la revista *Brides* destina un mayor porcentaje de sus páginas al mismo (8,29 %). Otros contenidos a los que dicha publicación dedica un porcentaje de páginas superior al de las otras dos revistas analizadas son: el traje y los complementos del novio (4,57 %), y la decoración del hogar sin considerar elementos de la cocina (5,43 %). Cabe resaltar que un tema que aparece tanto en *You & Your Wedding* como en *Brides*, pero al que esta última dedica un mayor número de páginas, es la decoración de la cocina (6,7 %).

Contenidos recurrentes en todas las publicaciones, pero con un mayor porcentaje en la revista *Telva Novias,* son: los complementos para la novia (16,53 %), otras joyas (14,41 %), el diseño de las invitaciones (4,66 %), el diseño del lugar de la boda (13,14 %), el catering sin tener en cuenta los dulces (9,32 %) y el número de artículos sobre bodas reales (14,83 %).

De igual manera, *You & Your Wedding* dedica a una serie de contenidos una mayor cantidad de páginas que las otras dos. Dichos contenidos son: el lugar de celebración de la boda (20 %), el ramo de flores (8,86 %), los complementos y elementos decorativos del lugar de la boda con flores (11,14 %), la tarta nupcial (4 %), y los destinos de la luna de miel (6,29 %). También presenta algunos contenidos de forma exclusiva, tales como los consejos sobre los discursos de las bodas o el vestido y los complementos de la madre de la novia.

Un aspecto reseñable que se puede ver en la tabla de resultados (Tabla 26, ver en Anexos) es que las publicaciones de países angloparlantes presentan contenidos que no se mencionan en la española, tales como los consejos sobre el cuidado de la piel, consejos sobre el cuidado de las uñas, consejos para estar en forma, el diseño de la carta del menú, y la decoración de la cocina.

Por otro lado, hay ciertos contenidos son exclusivos de la revista *Telva Novias*, como los vestidos y complementos para las invitadas, que además ocupa un porcentaje considerable de la misma; los vestidos y complementos de las niñas, la sección de diseñadores famosos o la de organizadores de boda, el coche de la boda, el lugar de la ceremonia, y la música.

Cabe destacar ciertos contenidos que, aun apareciendo en todas las revistas, poseen un porcentaje mayor en las anglosajonas, como el vestido y complementos de la dama de honor o productos y consejos sobre maquillaje.

De los resultados expuestos se puede extraer, en primer lugar, que, tal y como se ha apuntado al principio del apartado, el contenido de las publicaciones no sigue ningún patrón específico y, por tanto, no está estructurado ni dividido en secciones dentro de las mismas.

En segundo lugar, en lo que respecta a la estructuración de la información, aunque la mayoría de los contenidos han resultado ser son comunes, existe una serie de ellos que son exclusivos de una o dos de las revistas del corpus, quizá por razones culturales.

En tercer lugar, quisiéramos hacer hincapié en que, además de lo expuesto arriba, hemos detectado notables diferencias en la forma en la que el contenido proposicional o ideacional de las publicaciones se presenta al lector, en este caso, la futura novia. Aunque se exponen con detalle más adelante las variaciones del contenido interpersonal, es decir, del tenor o tono en que el emisor del mensaje se dirige al potencial receptor del mismo, es preciso adelantar que en nuestro corpus lo ideacional o proposicional está muy influido por el nivel interpersonal del género. Podemos aseverar que la forma en que la información se presenta en la española está destinado a la mera comercialización del evento y adquiere un tono más formal: se habla casi en todo momento en tercera persona, de la experiencia de otras novias y no vemos tanto el uso del vocativo dirigido expresamente al receptor. El lenguaje de la publicación española carece, por tanto, de esa implicación en la vida de la lectora, presentando los contenidos desde un ángulo más alejado. La información gira en torno a los productos y la forma en sí de la revista no es aquella de una guía de pasos a seguir, sino la de una especie de catálogo. Sin embargo, prácticamente la totalidad de la información de las publicaciones *Brides* y *You & Your Wedding* se expone en forma de consejos, donde las referencias a productos son un mero *plus* del contenido principal. Tal disparidad queda reflejada, por ejemplo, en la forma en la que se muestra el trabajo de los profesionales implicados en la organización de la boda (diseñadores, fotógrafos, etc.): mientras que las revistas anglosajonas presentan experiencias y a modo de nota exponen el nombre de estos profesionales, la revista española dedica secciones completas de la misma a exponer su trabajo, experiencia, estilo, obras anteriores, productos, e incluso sus precios.

Dicha apreciación se ve de igual modo corroborada en la localización de diversos artículos, en las revistas anglosajonas, que no se corresponden con el estilo de la española y que, por tanto, carecen de equivalentes en esta última. A modo de ejemplo, cabría destacar en *You & Your Wedding* ciertos artículos como *The ultimate To-Do List,* que enumera los pasos que debe seguir una novia para preparar la boda; *The Newlywed's Survival Guide,* que consiste en otra serie de consejos para que tras la boda todo marche correctamente y para superar posibles problemas matrimoniales; *Speak up!,* que también da consejos sobre cómo dar un buen discurso y no ponerse nervioso cuando llega el momento; y, en último lugar, *Make & Do,* que es una sección que explica cómo hacer uno mismo la tarta nupcial, etc. De hecho, algunas de las secciones comentadas están indicadas con encabezados o notas como *Cut Out & Keep,* que indican a la novia que lo esté leyendo que debería tomar nota de los consejos y seguirlos cuando llegue el momento.

En cuanto a la cantidad de imágenes y texto, no se ha podido contabilizar por el hecho de que dos de las revistas seleccionadas como corpus estaban en formato PDF no procesable y la otra en papel, de manera que no hemos podido ni manipularlas digitalmente ni convertirlas a otro formato (WORD, RTF o TXT) con el fin de llevar a cabo una contabilización digital por medio de *Wordsmith Tools* o cualquier otro programa afín. Por este motivo, se optó por el *manual tagging* o análisis manual de la información.

2. ÁMBITO FORMAL: ANÁLISIS LÉXICO

En el segundo nivel de análisis, como ya apuntábamos en el Capítulo III, nuestro foco de estudio es el léxico, en concreto, la neonimia, un recurso prototípico e identificativo del lenguaje especializado de las publicaciones de bodas. Según postulamos, dada la mayor tradición de las publicaciones anglosajonas en el Mercado de las bodas, la actividad neológica va a ser mayor en las revistas redactadas en inglés.

Dentro del ámbito formal se da el análisis de los elementos superficiales (Crystal & Davy, 1969) el cual permite recopilar información que es especialmente útil para comprender el funcionamiento de las unidades gráficas y léxico-gramaticales y, además, sirve de base para el posterior escrutinio a nivel discursivo (Rea & Orts, 2011, pp. i-vii). Nuestra investigación pretende ilustrar las singularidades que tanto el español como el inglés presentan en cada una de las publicaciones del corpus, con el fin de evaluar las dificultades que podrán llevar aparejadas las diferencias terminológicas halladas a la hora de traducir.

Así pues, en el presente apartado, vamos a llevar a cabo un análisis a nivel léxico-retórico. En concreto, observamos la presencia de neologismos, ya que consideramos que es uno de los aspectos más ubicuos a nivel lingüístico en el corpus, una de sus señas de identidad y, en consecuencia, un campo cuyo conocimiento es indispensable para el traductor que se enfrenta a la traducción del discurso nupcial.

Son muchos los autores que explican la relevancia del estudio del fenómeno de neonimia para la tarea traductológica, dado que consideran que se trata de un gran foco de problemas para el traductor (Moghadas & Sharififar, 2014; Orts, 2005). De hecho, Newmark (1988) afirma que son el mayor problema para el traductor profesional. El autor hace hincapié en la importancia de este tipo de palabras para el léxico de una lengua y afirma que cada lengua puede llegar a adquirir unas 3 000 palabras nuevas al año, ya que muchos vocablos tanto de las ciencias sociales como de la jerga o de algún dialecto pasan a formar parte de la *koiné* de una lengua dada.

Sin embargo, no existen estudios que hagan un recuento y un análisis pormenorizado de los neónimos empleados en las revistas de bodas como un rasgo particular del género. Lo cual juega en contra del traductor profesional, quien ha de conocer los rasgos característicos del texto a traducir. Por ello, en este libro, y dada la falta de estudios anteriores que versen sobre las revistas de novias, se pretende hacer un primer acercamiento a esta tipología textual que, como hemos visto en el primer apartado, forma parte de un mercado de gran importancia en los países anglosajones.

2.1. El lenguaje de las revistas: la neología

Karnedi (2012) explica que la palabra «neologismo», a nivel etimológico, surge de la unión de dos palabras latinas: *neo* (nuevo) y *logos* (palabra). Aunque resulta sencillo realizar este análisis etimológico de la palabra, definir el concepto es algo más complicado (Naranjo, 2013). Porque ¿qué consideramos como nuevo? Un neologismo es una palabra que es nueva en cierta lengua y en un momento concreto; y solo se puede considerar como tal dentro de ese marco temporal (Janssen, s.f.). Sin embargo, Janssen añade que no es posible determinar si una palabra es un neónimo o no en cierto periodo de tiempo por la falta de un corpus léxico de referencia. Por otro lado, en la tesis *Neologisms in British Newspapers* (Kadoch, 2013), el autor defiende que todo neologismo sigue siendo nuevo hasta que los hablantes comienzan a usarlo sin tener que pararse a pensarlo previamente. En cuanto a la supervivencia de los neónimos, Usevičs (2008) explica que no es posible hacer una predicción de qué neologismos se utilizarán de manera habitual y cuáles desaparecerán, una visión que Newmark (1988) comparte.

En cuanto a la definición de neologismo, muchos han sido los autores que han intentado definir el concepto. Newmark (1988, p. 122), por ejemplo, explica que los neónimos son nuevas palabras o expresiones que en un momento dado ocupan una de las innumerables lagunas de la lengua para el manejo del pensamiento y los sentimientos humanos a cierto nivel de formalidad. Existen otras definiciones que se basan en distintos parámetros. Entre ellas, tenemos la definición diacrónica, que se aplica a términos de reciente aparición; la lexicográfica, que se aplica a términos que se caracterizan por no aparecer en los diccionarios; la psicológica, aquellos términos que se perciben como nuevos por los hablantes; y la definición basada en el grado de estabilidad sistemática, aquellos términos que se caracterizan por su inestabilidad semántica o formal (Cabré, Freixa, & Solé, 2010).

Los neologismos suelen surgir en un primer momento en respuesta a una necesidad concreta (Newmark, 1988), y hemos podido observar en una primera lectura que, en el caso de nuestro corpus, se hace uso de la neología en las revistas inglesas para dotar a sus textos de mayor eficacia comunicativa, como un medio para potenciar la expresividad. Newmark atribuye la utilización de neónimos al hecho de que a la mayoría de los hablantes les agradan y, por este motivo, se explotan a nivel mediático y comercial. Asimismo, Orts (2005) hace una distinción entre los neónimos «necesarios», aquellos que no tienen equivalente en la lengua dada por ser fenómenos o conceptos de nuevo cuño; y los «de prestigio», que se importan de otras lenguas dominantes para dar notoriedad o preeminencia al emisor o al mensaje, un fenómeno que, como vemos más adelante, es habitual en el género de la revista de novias, fundamentalmente en su versión española.

Una vez expuestas las distintas definiciones de diferentes autores sobre el concepto de «neologismo», presentamos algunas taxonomías que se han hecho sobre los neónimos en diversos estudios.

Newmark (1988), por ejemplo, distingue 12 tipos: palabras antiguas con nuevos significados, nuevos cognados, palabras derivadas, abreviaturas, antiguas y nuevas colocaciones, epónimos, palabras compuestas (*phrasal words*), préstamos, los acrónimos, pseudo-neologismos y xenismos.

Según Usevičs (2008), los neónimos son términos nuevos que entran a formar parte de una lengua y, al mismo tiempo, hacen que su repertorio léxico sea más extenso. En cuanto a la entrada de dichos recursos a la lengua, Usevičs distingue dos formas: los hablantes pueden introducir estas palabras a partir del material léxico de otros idiomas, tomándolas prestadas o adaptándolas, o bien este léxico se ve incrementado por el uso que los hablantes hacen de su propio repertorio de vocablos. En el último caso, podemos distinguir, a su vez, dos posibilidades: la primera sería la combinación de dos o más términos, dando lugar a compuestos o amalgamas (*blends*), o la adición o eliminación de morfemas, es decir, las palabras derivadas. La segunda consistiría en un cambio a nivel de significado, no a nivel formal, y tendría como resultado, por ejemplo, la adquisición de un significado diferente por parte de un término ya existente. En su clasificación, Usevičs recoge los préstamos, los cambios de significado, la transferencia de significado (metáfora, metonimia, sinécdoque) y procesos de formación de palabras. En el último grupo, distingue entre procesos de formación «más simples» (amalgama o *blending*, acortamiento o *clipping*, acrónimos, abreviaturas, reduplicados y la fabricación de palabras enteramente nuevas o *Word manufacturing*) y procesos de formación de palabras más complejos (palabras compuestas, derivadas, conversión y derivación regresiva o *backformation*).

Teniendo cuenta que el nuestro es más bien un estudio contrastivo entre corpus escritos y enmarcados en lenguas y culturas del todo distintas, hemos creído conveniente no adoptar una taxonomía existente concreta, sino que hemos recurrido a la elaboración de una taxonomía *ad hoc*, según los distintos tipos de neologismos presentes en el corpus de análisis, aunque tomando como referencia las clasificaciones anteriormente mencionadas. Tras una búsqueda exhaustiva y un recuento manual de estos, podemos hacer la siguiente enumeración de los mismos: las que llamamos palabras complejas, entre las que se encuentran en inglés los compuestos unidos por guion que Naranjo (2013, p. 35) denomina «neologismos con formas encadenadas» o *hyphenated neologisms*, los neologismos formados por composición, los acortamientos y las abreviaturas, los formados por cambio en la categoría gramatical y las importaciones o préstamos.

En nuestro análisis de tipo cualitativo se ha hecho un recuento del tipo de neónimos que aparecen en las revistas, pero no hemos dado cuenta de la frecuencia de aparición de los mismos, debido, una vez más, al formato en el que se encuentra el corpus.

En el siguiente apartado detallamos los resultados obtenidos en el escrutinio.

2.2. Clasificación y análisis de los resultados

En el siguiente gráfico vemos la cantidad numérica total de neologismos de cada revista:

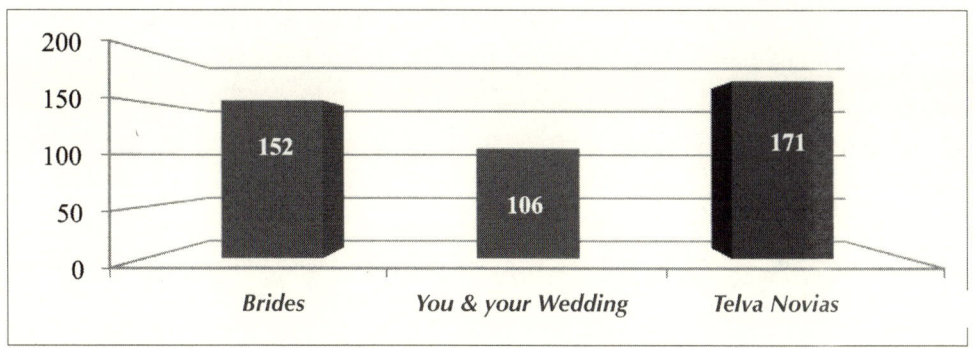

Gráfico 5: Resultados del análisis léxico

Tal y como muestra el gráfico, la cantidad de neónimos de la revista española es superior al de las publicaciones anglosajonas.

Acto seguido se detallan los resultados obtenidos en cada una de las publicaciones que componen el corpus:

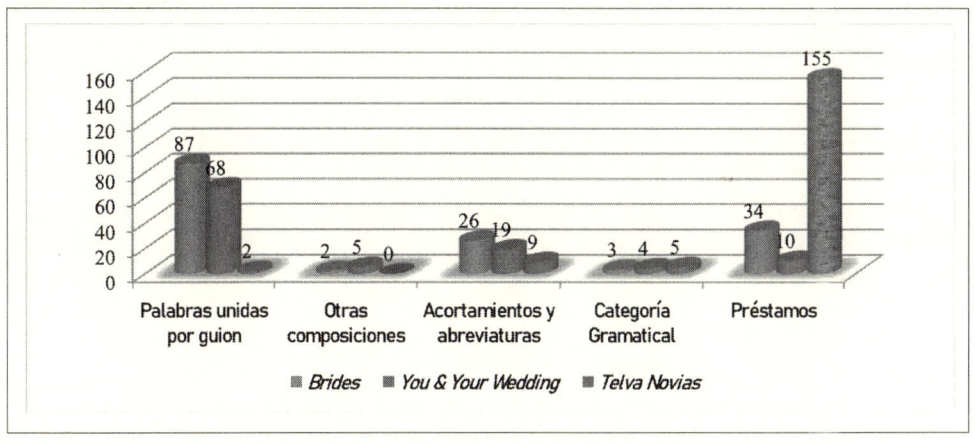

Gráfico 6: Resultados del análisis de neologismos

En líneas generales, en la primera categoría, se puede hablar de un mayor registro de palabras unidas por guion en las revistas *Bride* (87) y *You & Your Wedding* (68), frente a los resultados de la española (2).

La segunda categoría y la cuarta han demostrado no ser las más comunes en el género editorial nupcial en ninguna de las culturas analizadas.

La tercera categoría, la de los acortamientos y las abreviaturas, es algo más usual, en especial, en las revistas anglosajonas (*Brides,* 26; *You & Your Wedding,* 19).

Y la quinta categoría, en contraste con las demás, es la preferida por los redactores españoles (155 préstamos, frente a 34 en *Brides* y 10 en *You & Your Wedding*).

En los siguientes subapartados se clasifican los resultados obtenidos del escrutinio y se describen en base a las categorías analizadas.

2.2.1. *Palabras complejas*

En el presente subapartado quedan recopilados los neologismos unidos por guion, los formados por composición, los acortamientos y las abreviaturas.

2.2.1.1. Palabras unidas por guion

Queremos destacar este subapartado en particular, puesto que gran parte de la muestra recogida en lo referido al material anglosajón se corresponde con este grupo. En lo que respecta a la composición de palabras con guion, encontramos diversas combinaciones: neologismos sintácticos u oracionales (*cut-out-and-keep planning checklist; tear-out-and-tick planning checklist*), es decir, aquellos formados partir de una oración, y los neologismos morfológicos, que se constituyen no a partir de oraciones, sino de cláusulas: lo que Newmark llama *phrasal words*. Dentro de este último grupo distinguimos los neologismos morfológicos sustantivos o combinaciones morfológicas que dan lugar a un sustantivo (*W-day*) y los neologismos morfológicos adjetivos o combinaciones morfológicas que dan lugar a un adjetivo (*your big-day look*).

En las siguientes tablas presentamos los que hemos localizado en nuestro corpus:

NEOLOGISMOS ORACIONALES (16)		
Award-winning crew	*I-killed-someone-and-buried-the-body kind*	*Soon-to-be wife*
Easy-to-transport square panels	*Kissing-isn't-cheating kind*	***Stay-at-home moms***
E-thank-you cards	***Long-lasting beauty***	*Straight-no-chaser marriage*
Gatsby-goes-to-the-woods vibe	*Mediterranean-meets-Hawaiian wedding menu*	*Too-good-to-be-true prices*
Go-big-or-go-home style	*Meth-face-and-loose-teeth addicted*	
Going-for-broke flowers	***Skin-baring shapes***	

NEOLOGISMOS MORFOLÓGICOS SUSTANTIVOS (9)		
Bride-to-be	**List of to-do's**	*State-of-art in flight entertainment systems*
I do's	**Must-haves**	**To-do list**
It's a win-win	*Save-the-dates*	**T-zone**

NEOLOGISMOS MORFOLÓGICOS ADJETIVOS (62)		
After-after party	**Five-star amenities**	*"No-makeup" makeup look*
All-embellished necklines	**Flatout-sexy territory**	**Non-greasy hydrating ingredients**
All-things-Chicago lovefest	**Floor-to-ceiling windows**	**Open-air bars**
Big-day looks	*Flower-girl dress*	**Out-of-town celebration**
Black-tie wedding	**Four-course menu**	**Picture-perfect backdrop**
Brick-and-mortar jewellers	**Four-foot-tall hedge**	*Pre-wedding bash*
Cathedral-length veil	**Four-inch heels**	**Red-carpet moment**
Celeb-approved tricks	*Fun-filled wedding weekend*	**Red-carpet-ready bod**
Chap-free	**Hand-blown glass pieces**	**Rock-inspired wedding styles**
Chicken-and-veggie strict	**Hand-painted card**	*Ruffled-fondant cake*
Clear-topped tent	**Healthy-looking skin**	**Smudge-free kisses**
Colonial-style manor house	**In-person meetings**	*Speakeasy-inspired cocktails*
Cool-bride appeal	**Island-inspired atmosphere**	**Three-and-a-half heels**
Cool-girl dresses	*Just-the- right-size statement bag*	*Three-night honeymoon*
Cream-colored shadow	**Late-afternoon ceremony**	**Tri-level roof top**
Crystal-clear waters	**Late-night snacks**	**Two-piece gown**
Destination-wedding food	*Lily-of-the-valley and tuberose scent*	*Two-week wedding*

Emerald-cut diamond	Much-needed break	Wedding-day eye shadows
Family-style feast	Natural-looking flush	Well-appointed amenity kit
Figure-flattering dress	Next-level save-the-dates	White-sand beach
First-dance choreography	Night-out perfumes	

Tabla 6: Neologismos unidos por guion (*Brides*)

NEOLOGISMOS ORACIONALES (24)		
Better-late-than-never heart-to-hearts later	Fun mix-your-own drinks station	Stand-out-from-the-crowd wedding cake
Boredom-induced comas	Guaranteed-to-get-the-party-started tracks	Style-seeking bride
Cake-decorating techniques	Gulp of see-I'm-not-pregnant wine	Tear-out-and-tick planning checklist
Can-do attitude	Just-the-right-size-for-an-aeroplane-toilet wash bag	Thank-you bouquet
Can't-miss tips	Nice-but-not-essential items	To-die-for dress
Cut-out-and-keep planning checklist	Not-quite-as-fun-as-the-hen-party version	To-do list
Fight-the-frizz wonder product	So-new-the-paint's-still-drying love nests	Trend-setting floral designs
Fresh-from-the-harbour food	Soon-to-be couples	Your cut-out-and-keep workout
NEOLOGISMOS MORFOLÓGICOS SUSTANTIVOS (10)		
B&B (Bread and Breakfast)	In-laws	W-day
b2b (bride to be)	R&R (rest and relaxation)	Wedmin know-how you need
DIY	Save-the-dates	
h2b (husband to be)	The T-zone	

NEOLOGISMOS MORFOLÓGICOS ADJETIVOS (34)		
A once-in-a-lifetime experience	*In-law jokes*	*Succulent-and-bloom bridal bouquet*
An uber-sophisticated wedding cake	*Long-haul wedding plans*	*Sun-soaked islands*
Art-gallery-style reception space	*Mountain-flanked lakes*	*Super-sophisticated coastal style*
Boot-shaped beauty	*Newly-wed status*	*Too-much-choice syndrome*
Can-do attitude	*Oh-so-elegant bouncy castle*	*Veggie-heavy menu*
Comfy-yet-cool vibe	*On-the-day stationery*	*W-day rule*
Delicate plant-dyed silk ribbon	*Pose-perfect places*	*Wedding-speech makers*
Elegant-yet-relaxed feel	*Post-honeymoon sex*	*Wedmin-shaped hole*
Fed-up woman	*Post-wedding unwinding*	*Your big-day look*
Flower-filled grounds	*Pretty-as-a-picture grounds*	*Your long-haul-flight essentials*
Fresh-flower-adorned wedding cake	*Princess-perfect complexion*	
Head-to-toe sequins	*Screen-siren fashion*	

Tabla 7: Neologismos unidos por guion *(You & Your Wedding)*

NEOLOGISMOS MORFOLÓGICOS SUSTANTIVOS (2)	
Sí quiero	**zona T**

Tabla 8: Equivalentes a los neologismos unidos por guion de origen inglés
(Telva Novias)

Como se puede observar en el número de resultados obtenidos en cada uno de los apartados de las tablas, en la revista *Brides* (ver Tabla 6) el mayor predominio lo tienen los que hemos llamado neónimos morfológicos adjetivos o combinaciones morfológicas que dan lugar a un adjetivo (62), seguido de los neologismos oracionales (16) y, en última instancia, de los morfológicos sustantivos (9). En el marco de los oracionales encontramos resultados de relativa complejidad, como es el caso de *I-killed-someone-and-buried-the-body kind,* y de formación más simple como *e-thank-you cards.* En lo que concierne a los neologismos morfológicos sustantivos, los hay que se refieren al listado de cosas que hay que hacer en la preparación de una boda (*list of to-do's*) y otros que están relacionados con el maquillaje (*T-zone*), por ejemplo. En el apartado de «Neologismos morfológicos adjetivos», hay neónimos relacionados con todos y cada uno de los temas que aparecen en la revista: *cathedral-length veil* (el vestido), *out-of-town celebration* (el tipo de celebración), *white-sand beach* (la luna de miel), etc.

En la publicación de Reino Unido *You & Your Wedding* (ver Tabla 7), por otro lado, vemos que el tipo de neologismos que predomina una vez más son los neónimos morfológicos adjetivos (34 resultados diferentes), seguidos de los neologismos oracionales (24) y en última posición se encuentran los morfológicos sustantivos (10). Quisiéramos destacar la presencia de construcciones altamente ingeniosas, sobre todo en el marco de las neónimos oracionales, como es el caso de *so-new-the-paint's-still-drying love nests* referido a una de las habitaciones ofertadas para la luna de miel, o *stand-out-from-the-crowd wedding cake,* que hace alusión a la tarta nupcial. En lo que respecta a los neologismos morfológicos sustantivos, las construcciones se repiten con bastante frecuencia en la revista, tales como *b2b*, que se refiere a la que va a ser la novia (*bride-to-be*), o *W-day*, construcción que emplean en puesto de su forma completa *Wedding Day.* Por otro lado, dentro de los neologismos morfológicos adjetivos, cabe mencionar que, aunque el nivel de complejidad de las construcciones es significativamente menor, un gran porcentaje de las mismas están relacionadas con distintos momentos del acontecimiento que es la boda y sirven de alguna manera para ilustrarlos de manera más concreta y fidedigna, como, por ejemplo, *wedding-speech makers* (referido a los discursos del banquete), *art-gallery-style reception space* (en cuanto a la recepción), o *post-wedding unwinding* (describiendo la luna de miel).

Tanto en la primera como en la segunda revista, encontramos neónimos que, de alguna manera, se encuentran ya insertos en la lengua inglesa (ej. *fed-up woman; To-do list*), los cuales hemos visto a bien señalar en negrita en las tablas para su fácil identificación; y aquellos que, dada su complejidad y extensión, han sido creados por la propia revista con la finalidad de ilustrar una situación muy concreta (ej. *fresh-flower-adorned wedding cake, just-the-right-size-for-an-aeroplane-toilet wash bag, Mediterranean-meets-Hawaiian wedding menu*) y que, a su vez, aparecen subrayados en las tablas.

En nuestra lengua, tal y como indica la Tabla 8, no hemos encontrado ningún neologismo dentro de esta categoría, ya que el guion no se utiliza como método de creación de nuevo léxico, debido a que su rigidez, a nivel morfológico y sintáctico, no lo permite. De la misma manera, no existe la pre-modificación de la que el inglés hace uso y que lo dota de tal flexibilidad lingüística a la hora de crear nuevos vocablos. A pesar de ello, hemos hallado dos neónimos morfológicos sustantivos que tienen su equivalente en sus homólogos construidos con guion en las revistas anglosajonas: *I do* y *T-zone*. Estos, como ya se ha señalado, no pueden construirse con este signo de puntuación en español, debido a la peculiar morfología del español.

De los resultados globales se puede extraer que, tanto en la revista de EE. UU. como la de Reino Unido, se utilizan en gran medida los neologismos oracionales, morfológicos sustantivos y morfológicos adjetivos. Tales construcciones suponen el recurso de neonimia más frecuente del corpus anglosajón y son, por tanto, una característica principal del discurso; mientras que la revista española no ha explotado dicho recurso, sobre todo por las limitaciones del idioma.

2.2.1.2.   Otras composiciones

En este subapartado se recogen otro tipo de composiciones en las que no se hace uso de guiones: adverbio + verbo (*newlywed*), verbo + sustantivo (*wedded bliss*), sustantivo + sustantivo (*breadwinner*), adjetivo + verbo sustantivado (*newcomers*), etc. Aunque los resultados, en esta ocasión, no sean tan numerosos como los del subapartado anterior, no hemos querido prescindir del presente subapartado porque consideramos que son quizás los neologismos más relacionados con la temática del corpus.

Adjetivo + Sustantivo (1)	*Wedded bliss*
Adverbio + Verbo (1)	*Newlywed*

Tabla 9: Otras composiciones (*Brides*)

Adjetivo + Verbo sustantivado (1)	***Newcomers***
Adverbio + Verbo (1)	*Newlywed*
Sustantivo + Sustantivo (2)	***Breadwinner***
	Venue hunters
Verbo + Sustantivo (1)	*Wedded bliss*

Tabla 10: Otras composiciones (*You & Your Wedding*)

Tanto en la revista *Brides* (Tabla 9) como en *You & Your Wedding* (Tabla 10), hemos descubierto neologismos formados a partir de la unión entre palabras de la misma o de diferente categoría gramatical, como se puede ver en las tablas expuestas arriba. Sin embargo, en el caso de *Telva Novias* no ha sido posible encontrar neologismos formados a partir de este fenómeno de creación de términos.

En los resultados de las dos primeras revistas, una vez más, localizamos neologismos más asentados en la lengua inglesa, como *newcomers* o *breadwinner*; y neologismos que son obra de la revista y pertenecen de una forma u otra al lenguaje empleado por la misma, como *newlywed, venue hunters,* o *wedded bliss.*

2.2.1.3. Acortamientos y abreviaturas

En este subapartado recogemos los *clippings* (Zawada, 2009) o acortamientos, que son neologismos formados por acortamiento léxico, y las abreviaturas, que explicamos en detalle más adelante. Dentro de los acortamientos mencionamos la presencia de ciertos acrónimos, los cuales, según Newmark (1988), son una característica común de los textos no literarios dada su brevedad y eufonía y, en ocasiones, se emplean con el fin de dar al referente un prestigio artificial que incite a los lectores a «adivinar» lo que significan las letras. Los acrónimos se crean con frecuencia dentro de temáticas muy concretas a fin de designar ciertos productos, aparatos y procesos, según su grado de relevancia.

Asimismo, Bauer (1983) comenta los distintos procesos de formación de palabras y expone que los acrónimos se basan en la ortografía y que difieren, en consecuencia, en gran medida de otros procesos de formación de palabras. Aunque tanto los acrónimos como las abreviaturas se forman a partir de las iniciales de otras palabras, difieren en la pronunciación. Los acrónimos se pronuncian como palabras normales y, de alguna manera, conservan su valor fonológico. Otra característica de los acrónimos es que se escriben en minúscula o mayúscula. Los escritos en mayúscula, que son los acrónimos más reconocibles, proceden de iniciales de organismos internacionales y de marcas o instituciones comerciales, como es el caso de la OTAN, la ONU, o de la empresa NABISCO (National Biscuit Company), por ejemplo. La detección de aquellos escritos en minúscula es una tarea de mayor complicación; tanto es así, que normalmente son simples acortamientos léxicos a los que se trata como acrónimos (Kadoch, 2013). Es el caso, por ejemplo, del nombre de un famoso personaje de la saga «Juego de Tronos», *Hodor*, cuyo nombre ha dado numerosos quebraderos de cabeza a los traductores españoles y que se origina de la expresión *Hold the door* (Marcos, 2016). En cuanto a la razón para su utilización, Plag (2010) cree que los acrónimos surgen en ocasiones, simplemente, por razones de *marketing*, donde el acrónimo está asociado a un referente.

Por otro lado, tenemos las abreviaturas. Se trata de un proceso de formación de palabras similar a las amalgamas, ya que ambos procesos conllevan la composición a partir de partes de otras palabras. En las abreviaturas también hay una pérdida de material léxico (Kadoch, 2013).

En cuanto a la pronunciación, Kadoch (2013) explica que las abreviaturas se pronuncian como secuencias de letras. Como en el caso de los acrónimos, las abreviaturas también son un recurso muy empleado hoy en día.

En las siguientes tablas se clasifican los resultados obtenidos del análisis de los acortamientos y las abreviaturas:

Acortamientos (8)	**ASAP** _(As Soon As Possible)_	_MOH (My Other Half)_
	FOMO (Fear of Missing Out)	**OMG** _(Oh My God)_
	LAX (Los Angeles International Airport)	**P+V plan** _(Protein plus Veggies plan)_
	LBD _(Little Black Dress)_	_RSVPs (Répondez S'il Vous Plaît)_
Abreviaturas (18)	**Abs** _(abdominis)_	**Lids** _(eyelids)_
	App _(application)_	**Luxe** _(luxurious)_
	Bod _(body)_	**Meth** _(methamphetamine)_
	Cab _(cabriolet)_	**Pics** _(pictures)_
	Celeb _(celebrity)_	**Prep** _(prepare for)_
	Fave _(favorite)_	**Pro** _(professional)_
	Glam _(glamorous)_	**Sis** _(sister)_
	Hippos _(hippopotamus)_	**Veggies** _(vegetables)_
	Lab-_created blue sapphire (laboratory)_	**Vibe** _(vibration)_

Tabla 11: Acortamientos y abreviaturas (_Brides_)

Acortamientos (8)	**Aka** _(also known as)_	_Romcom (romantic comedy)_
	Honeyteering (honeymooning + volunteering)	**Staycationer** _(stay + vacation + er)_
	Maximoon (maxi honeymoon)	_Wed-kend (wedding in a whole weekend)_
	Minimoon (mini honeymoon)	_Wedmin (wedding administration)_

Abreviaturas (11)	***Abs** (abdominis)*	***Mic** (microphone)*
	***Celebs** (celebrities)*	***Prep for it** (prepare)*
	***Decor** (decoration)*	***Props** (proper respect or proper recognition for another person)*
	***Glam** (glamour)*	***Rep** (repetition)*
	***Invites** (invitations)*	***Veggie** (vegetarian)*
	***Luxe** (luxurious)*	

Tabla 12: Acortamientos y abreviaturas (*You & Your Wedding*)

Acortamientos (4)	*Cronut (croissant + donut)*	***VIP** (very important person)*
	***DIY** (Do It Yourself)*	*Weddink (wedding + ink)*
Abreviaturas (5)	**Dcha**. (derecha)	***Gym** (gymnasium)*
	***Deco** (decoration)*	**Izda**. (izquierda)
	***Detox** (desintoxication)*	

Tabla 13: Acortamientos y abreviaturas (*Telva Novias*)

En todas las publicaciones se han localizado acortamientos y abreviaturas. Las revistas anglosajonas poseen la misma cantidad de acortamientos y la estadounidense es la que más abreviaturas presenta, como podemos ver en las tablas 11 y 12. En lo que respecta a los acrónimos, cabe mencionar que, en la Tabla 11 todos los acortamientos recogidos son acrónimos, de los cuales los más asentados en el idioma son: *ASAP, LBD, OMG* y *P+V plan*; mientras que en la Tabla 12 la presencia de estos no es muy significativa, puesto que solo cuenta con dos: *wed-kend* y *honeyteering*. En español (Tabla 13), dos son los acrónimos que hemos encontrado: *cronut* y *weddink*.

Como podemos ver en los resultados de la revista española, la mayoría de los casos son importaciones del inglés y no creaciones propias del lenguaje, con la excepción de *izda.* y *dcha.*

En este subapartado también se puede establecer una distinción entre aquellos neologismos que están más integrados en la lengua (ej. *lids, luxe*) y aquellos que son más novedosos o propios del lenguaje del corpus (ej. *romcom, cronut*).

2.2.2. *Neologismos formados por cambio en la categoría gramatical*

En este subapartado, hemos clasificado los neologismos creados a partir de diversos cambios en la categoría gramatical de la palabra: de interjección a verbo (*wowing*), de sustantivo a verbo (*honeymooning*) y de verbo a sustantivo (*honeymooner*).

Sustantivo a verbo (3)	*Be psyched*
	Get glammed up!
	Wow

Tabla 14: Neologismos por cambio en la categoría gramatical (*Brides*)

Sustantivo a sustantivo (1)	*Staycationer*
Sustantivo a verbo (2)	*Honeymooning*
	Wowing your guests
Verbo a sustantivo (1)	*Honeymooner*

Tabla 15: Neologismos por cambio en la categoría gramatical (*You & Your Wedding*)

Sustantivo a sustantivo (2)	*Fashionista*
	Instagramer
Sustantivo a verbo (2)	*Clickar*
	Instagramizan
Verbo a sustantivo (1)	*Influencer*

Tabla 16: Neologismos por cambio en la categoría gramatical (*Telva Novias*)

En este caso, se advierte una distribución más equilibrada de los resultados. Todas las revistas contienen algún neologismo formado a partir del cambio de categoría gramatical de una palabra. Como bien queda reflejado en las tablas 14, 15 y 16, la revista que consta de una cantidad superior de neologismos de esta clase es la española (5). Sin embargo, todos los ejemplos extraídos proceden del inglés.

2.2.3. *Importaciones o préstamos*

El inglés, según Crystal (2007), funciona como una aspiradora de otras lenguas; succiona las palabras de aquellas con las que está en contacto. Sin embargo, no solo toma palabras prestadas de otras lenguas, sino que también deja su propio legado en el resto (Usevičs, 2008).

Según Newmark (1988), los préstamos (*transferred words*) mantienen el significado de la lengua de la que proceden y su significado depende menos del contexto. No obstante, si se utilizan de manera frecuente, su significado podría variar o adquirir nuevos sentidos y al traducirlas a su lengua de procedencia quizás habría que utilizar otras palabras y no la originalmente tomada como préstamo. Una vez que una palabra es absorbida por otra lengua, su significado puede variar de muchas formas distintas (Baker, 2011).

A continuación, examinamos la frecuencia de uso de los préstamos en el corpus. En primer lugar, quisiéramos comentar que hemos encontrado préstamos procedentes de lenguas muy diversas. Según los resultados del escrutinio a nivel léxico de la revista *Brides,* la mayoría de las importaciones provienen del francés, del español y del italiano; en el caso de la de Reino Unido, del francés y del italiano; y en la revista española vemos un predominio absoluto de los préstamos provenientes del inglés.

En las siguientes tablas quedan clasificados los préstamos identificados en las publicaciones según la lengua de procedencia del préstamo y la revista de origen.

Del francés (20)	Avant-garde	Haute couture
	Bateau	Moisture
	Bouquet	Ombré
	Champagne	Pinot meunier
	Chardonnay	Pinot noir
	Château	Restaurateur
	Debuted	Rosé champagne
	Fiancé	RSVP (répondez s'il vous plait)
	Filet mignon	Silhouette
	Georgette	Soirée
Del italiano (5)	Ballerina	Panna cotta
	Burrata	Risotto
	Macaroni	
Del español (8)	Bolero	Mojito
	Ceviche	Piña colada
	Margarita	Supermercado
	Mezcal	Tequila
Del alemán (1)	wunderbar	

Tabla 17: Préstamos (*Brides*)

Del francés (7)	Bouquet		Mot
	Canapé		Petite
	C'est bon		Pièce de résistance
	Fiancé		
Del italiano (3)	Al fresco		Finale
	Amore		

Tabla 18: Préstamos (*You & Your Wedding*)

Del inglés (109)	Backstage	Cropped top	Jet lag	Show cooking
	Beauty	Deco	Jet set	Showroom
	Bed hair	Deluxe	Jewel	Sitting
	Black & white	Detox	Line dance	Slip dress
	Blazer	DIY	Look bridal	Slippers
	Blog	Dj's	Looks	Smoking
	Bloggers	Don't panic!	Low cost	Spa
	Boho	Donut	Made in Spain	Swing
	Boho-chic	Dress code	Make-up artist	Tandem
	Branding	Ear cuff	Mood-board	Top (adjetivo)
	Bridal	Editor's choice	Must	Top (persona)
	Bridal naked cakes	En todas partes!	Noodles	Top (ropa)
	Brown	Fashion	Nude	Toppers
	Brunch	Feeling	Parking	Topping
	By Kenzo	Fitness	Partners	Total white
	Bye	Flashes	Photocall	Trendy

Del inglés (109)	Candy bar	Foil	Play list	Tweed
	Cashmere	Freelance	Plus	Very british
	Catering	Glass	Pool bar	Vintage
	Celebrities	Glitter	Post	VIP
	Cheesecake	Gym	Premium	Wedding
	Chill out	Hall	Prints	Wedding outfit
	Classy	Handmade	Road movie	Wedding planners
	Clutch	Hits	Roastbeef	Western
	Cool	Influencer	Scoop	Yankee
	Corner	In&out	Selfie	
	Country	Instagramer	Shabby chic	
	Cow boy	It	Shorts	
Del francés (40)	Atelier	Chic	Gourmet	Rebordé
	Babuchas	Cointreau	Grosgrain	Retro
	Beige	Coulant	Guipur	Sablé
	Boutique	Crepé	Hippie-chic	Savoir faire
	Brisé	Croissant	Ivoire-greige	Socialité
Del francés (40)	Buffet	Culotte	Macarons	Souvenirs
	Champagne	Evasé	Maison	Suite
	Chantilly	Foie	Meunière	Tul
	Chaqué	Gelée	Midi	Vichy
	Charme	Georgette	Quinqués	Voile
Del italiano (4)	Bossa nova	Organza	Risotto	Stiletto
Del alemán (1)	Streusel			
Del japonés (1)	Mikado			

Tabla 19: Préstamos (*Telva Novias*)

Tal y como se muestra en las tablas, existe una gran disparidad en el número de préstamos de los que constan las publicaciones: *Brides* (34), *You & Your Wedding* (10), y *Telva Novias* (155). Por un lado, podemos aseverar que tanto en la Tabla 17 como en la Tabla 18 predominan las importaciones procedentes del francés, seguidas aquellas que provienen del español (8), en el caso de la primera, y aquellas procedentes del italiano (3), en el caso de la segunda. En la revista de EE. UU. (ver Tabla 17) hemos encontrado una cantidad más significativa de préstamos que en la de Reino Unido (ver Tabla 18), así como una mayor variedad de lenguas de las que toma dichos préstamos (francés, italiano, español y alemán). Por otro lado, la de España (ver Tabla 19), que es la que hace un mayor uso de este recurso, toma en la publicación 109 términos del inglés, 40 del francés, 4 del italiano, 1 del alemán y 1 del japonés. En *Telva Novias,* conviene destacar la frecuente aparición de un único símbolo de exclamación (uso más bien propio del inglés): «En todas partes!».

Muchas de las importaciones que las revistas toman prestadas están directamente relacionadas con una serie de contenidos específicos: la comida (ej. *panna cotta, risotto, filet mignon, gourmet, croissant, foie, buffet*), la bebida (ej. *Chardonnay, Champagne,* «mojito», «tequila», «piña colada»), la ropa (ej. *haute couture, rebordé, nude, slip dress),* etc.

De los resultados se deduce que, como ya adelantábamos en el capítulo referido a la macroestructura del género editorial nupcial, la revista española tiende a buscar la sofisticación, el exotismo y el prestigio por medio del uso de lo que aquí concebimos como préstamos de lujo (Orts, 2005). Es el resultado de intentar imitar el lenguaje de aquellas publicaciones que culturalmente llevan mucho terreno ganado en el mercado de las bodas, con el objetivo de conseguir ese prestigio que sus homólogas han alcanzado.

Dicha continua búsqueda de prestigio también queda reflejada en el uso de préstamos que ya han sido adaptados gráficamente al español pero que, sin embargo, en la revista han decidido mantener en su forma original: *catering* (en lugar de «cáterin»), *feeling* («filin»), *parking* («parquin»), *buffet* («bufé»). Esta cultura extranjera prevalece en la redacción y en la expresión, puesto que es la que tomamos como referencia por su mayor relevancia a nivel de mercado.

Sin embargo, esta constante búsqueda de sobresalir en el gran mercado nupcial por parte de la revista española, podría no llegar a obtener aquello que tanto busca, dadas las numerosas incorrecciones encontradas durante nuestro pormenorizado análisis lingüístico. En concreto, hemos detectado una falta de coherencia en la escritura de palabras como *Dj* o *Plumeti*, que aparecen unas veces con la primera letra en mayúscula y otras en minúscula; *crêpe* (que se refiere a un tipo de tejido), utilizado en la revista con su forma originaria francesa y otras veces con el término adaptado al español («crepé»); préstamos tomados del inglés, pero con errores ortográficos y que podemos observar en la tabla (*british*); entre otros. Otros ejemplos similares se encuentran directamente vinculados con la falta de revisión, tales como la falta o uso incorrecto de tildes o el mal uso de los signos de exclamación (ej. «en todas partes!», «¡¡extra refrescante!»).

Por todo esto, creemos que la revista española debería quizá cuidar el uso del lenguaje y la tarea de un traductor-revisor profesional sería recomendable para solventar tales problemas y, así, velar por la longevidad y el éxito de la publicación.

3. ÁMBITO PRAGMÁTICO: ANÁLISIS DEL CONTEXTO COMUNICATIVO

En el tercer nivel estudiamos el ámbito pragmático y, dentro de él, examinamos el tenor del texto pauta que marca el nivel de especialización/no especialización y formalidad/informalidad del mismo. Se trata de analizar el género de las publicaciones de los tres países escogidos para ver de qué manera la interpersonalidad emisor-receptor varía. De acuerdo con Halliday y Hasan (1990, p. 20, en Ghio & Delia 2005), el tenor se refiere al papel en la interacción de los participantes, así como al *stance* (Martin & White, 2005), o conjunto de relaciones sociales relevantes, permanentes y temporales entre ellos. Es un término abstracto que define la relación entre las personas que participan en el discurso. El lenguaje que se utiliza depende de las relaciones interpersonales de las mismas. Es posible que el estatus entre ellas sea distinto y que una de ellas esté en una posición superior con respecto a la otra, o puede que estén al mismo nivel.

Según el Ghio & Delia (2005), cuando hablamos de tenor nos referimos al grado de formalidad entre aquellos que participan en la interacción, por ejemplo: maestro/pupilos, asesor/cliente, médico/paciente, etc. Esta clase de relaciones interpersonales se denomina «relación del rol». Existe una serie de situaciones en las que dicha relación está institucionalizada, como es el caso de las celebraciones o las ponencias.

En la presente investigación, sometemos el corpus a un tercer nivel de análisis para identificar cuál es la relación emisor-receptor en el discurso especializado de las publicaciones de bodas, y determinar su carácter más o menos especializado o divulgativo. Para ello, hemos estudiado una serie de peculiaridades lingüísticas que nos permiten dilucidar el grado de cercanía interpersonal, que también hemos llamado *stance*. En concreto, hemos tomado la decisión de examinar el grado de coloquialidad de las expresiones que se emplean en las revistas, al igual que del léxico empleado, estudiando además la complejidad oracional, el uso de la 1ª o la 3ª persona, el uso de pasivas, etc.

Antes de pasar a explicar los resultados punto por punto, en los gráficos 7 y 8 queda reflejada la cantidad de datos recogidos de cada una de las publicaciones examinadas:

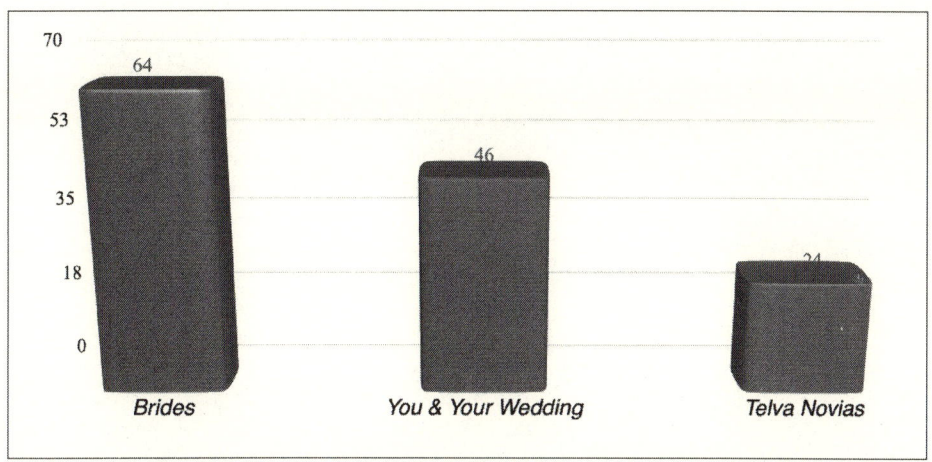

Gráfico 7: Resultados del análisis del contexto comunicativo

En el siguiente gráfico, se muestran el número de expresiones lingüísticas analizadas en base a las siguientes categorías: sustantivos, adverbios, adjetivos, verbos, otras expresiones, interjecciones y lenguaje soez.

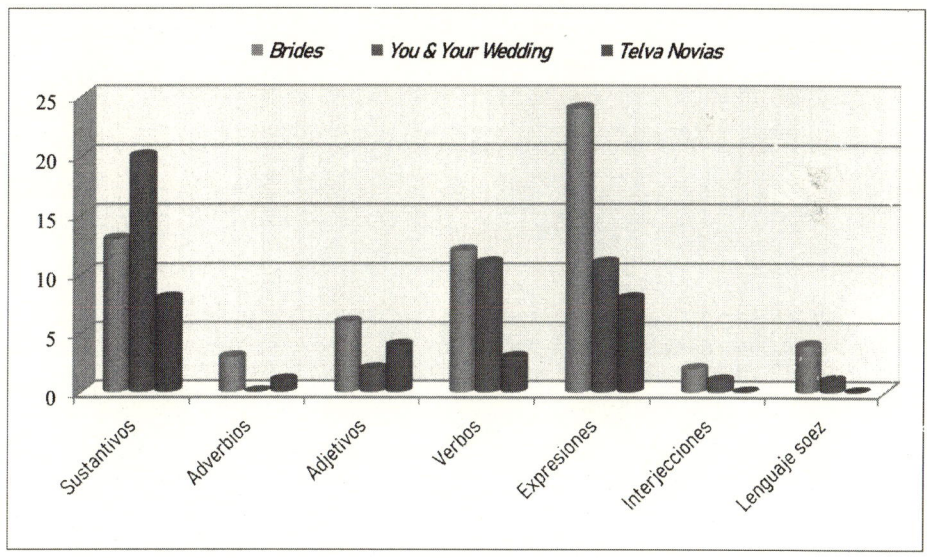

Gráfico 8: Resultados por categorías del análisis del contexto comunicativo

En las siguientes tablas, se exponen todos los resultados extraídos de los textos:

SUSTANTIVOS (13)			
Bash	Combo	Hairdo	Tux
Bling	Dime	Mojo	
Blowout	Femme	Sesh	
Bubbly	Foodie	Tidbit	
ADVERBIOS (3)			
A wee bit	Kinda	Yea or nay?	
ADJETIVOS (6)			
Girly	Lout	Savvy	
Kickass adventures	Quickie	Whopping	
VERBOS (12)			
Be swept away	Jibe with	Pop the question	Spice up
Get glammed up!	Max out	Pucker up!	Team up with Men's Wearhouse!
Grab a glass of...	Nail	Schlep	We pulled it off!
EXPRESIONES (24)			
Bingo	Is a cinch	Matthew has a sweet tooth	Start your marriage off on the right foot
Cheers	It makes putting your wish list together a piece of cake	Planning your big day will be a breeze	Surprise!
Drop a hint	It's a date	PS: I am not cooking!	Taken with a grain of salt
Get the ball rolling	It's a win-win	Register on the go	Turn a blind eye to
Good job, guys!	Keep your big day beauty on track	Sets her sights on wedding style	Tying the knot
Hands down	Make your eyes pop	Shine bright and be happy!	Wing your way

INTERJECCIONES (2)	
Gosh	Wow

LENGUAJE SOEZ (4)			
"Oh, sh&t- my ring!"	Chump	Jerk	Smug

Tabla 20: Resultados del análisis del contexto comunicativo (*Brides*)

SUSTANTIVOS (20)			
All-nighter	Flaky	Mop	Scupper
Boogie	Foodie	Must-see	Slog
Bubbly	Gags	Nan	Space-sharing pal
Campers	Girlie	Nosh	Tummies
Falsies	Goodies	Pops of colour	Vibe

ADJETIVOS (2)			
Bonnie big day	Loved-up groom		

VERBOS (11)			
Yee-haw to that!	Grab some wellies	Jump for joy	Revamp
Dash for the dress	Hunt for the wedding dress	Knees-up	Wine and dine their guests
Give a miss	Hurrah for suave grooms and guests!	Paint the town red	

EXPRESIONES (11)			
It's none of your business	I'm not a happy bunny	That's handy	Tie the knot
Bargain!	Made the process a whole lot easier	There's no wimping out now	What if I swear!?
Good luck!	Say cheese!	This will be right up your street	

53

INTERJECCIONES (1)
Er...
LENGUAJE SOEZ (1)
Damn it!

Tabla 21: Resultados del análisis del contexto comunicativo (*You & Your Wedding*)

SUSTANTIVOS (8)			
Chapitas de madera	Estrellitas	Peña	Te hace tipazo
Chipironcitos	Fue un exitazo	Quejíos	Trenecitos
ADVERBIOS/ EXPRESIONES ADVERBIALES (1)			
Codo con codo			
ADJETIVOS (4)			
Acertadísimo	Alucinante	Comodísimas	Rosita
VERBOS (3)			
Afearte	La borda	Tuneamos	
EXPRESIONES (8)			
¡Se te hará la boca agua!	¡A bailar!	¡A color!	¡Una sorpresa para mis invitados!
¡Perfectas para bailar hasta el amanecer!	¡A brindar por los novios!	¡Todo vale!	Hacen un guiño al trabajo de sus artesanos de confianza

Tabla 22: Resultados del análisis del contexto comunicativo (*Telva Novias*)

Como vemos en las tablas 20, 21 y 22, la primera revista consta de un gran número de rasgos que nos permiten determinar que la interrelación emisor-receptor intenta ser estrecha. Hecho que queda reflejado en el uso de sustantivos, adjetivos, verbos, expresiones, interjecciones y palabras pertenecientes al lenguaje soez que se podrían enmarcar dentro del registro coloquial. Hay una gran similitud entre los resultados de la primera y la segunda revista, aunque en la primera, como se puede advertir en la Tabla

20, hay una cantidad superior de palabras del lenguaje soez y, sobre todo, de expresiones. En la española (ver Tabla 22), por otro lado, el número de resultados es inferior en todos los tipos.

Además de los aspectos que se han recopilado en las tablas presentadas arriba, encontramos numerosos rasgos que indican una relación interpersonal cercana: *hasn't, yep, you're, yous, c'mon, don't, eat'em, it's, we'll, you've,* etc. Tales peculiaridades morfológicas son intraducibles al español, con lo que el traductor habrá de recurrir a otras estrategias traductológicas de configuración del tenor informal en la lengua meta. En contraposición, conviene mencionar que hemos observado una mayor complejidad oracional del lenguaje en la revista española, como vemos en los siguientes ejemplos: «en sus creaciones conviven encajes antiguos con detalles más contemporáneos», «cajas decapadas y mobiliario *vintage* industrial, flores en tonos lavanda y candelabros de hierro forjado recreaban el espacio», «aboga por vestidos de líneas puras y sencillas, dónde los tejidos de máxima calidad y los cortes impecables adquieren protagonismo», etc. En caso de una traducción inversa, el experto debería contemplar también este rasgo oracional, pues las oraciones cortas en español a menudo dan una sensación poco natural de «repiqueteo».

Otra de las grandes diferencias a este respecto es que en las dos primeras revistas siempre se hace uso de la primera persona del singular, mientras que, en la española, en contraste, se utiliza la tercera y la segunda persona del plural formal, o «ustedes» («les presento varios bocetos») en repetidas ocasiones. En cuanto al tipo de construcciones, comprobamos una vez más que en español se emplean las construcciones pasivas no reflejas, recurso poco común en nuestra lengua y que indica un grado más de formalidad: «es cuidada», «ser vividas», etc.

A la luz de los resultados, creemos que el tenor o *stance* de la revista española se caracteriza por una interrelación emisor-receptor significativamente más lejana o distante que las publicaciones anglosajonas.

Ante una falta de equivalencia tal, consideramos que el traductor profesional tendría, por un lado, la opción de mantener los rasgos de la revista original o, por el contrario, la de adaptar el estilo a aquel de la revista meta. Para poner en práctica esta última opción, el traductor habría de conocer en detalle las diferencias entre un género y otro para poder respetar el tenor característico de cada una de las publicaciones y, así, adaptar las peculiaridades propias de las mismas.

Capítulo V
Conclusiones y futuras líneas de investigación

1. REFLEXIONES PRELIMINARES Y CONCLUSIONES SEGÚN LOS NIVELES DE ESTUDIO

Según opinamos, la investigación contenida en este volumen ha posibilitado enmarcar nuestro objeto de estudio y otorgar al futuro traductor una visión general de algunos de los rasgos que parecen ser característicos del género editorial nupcial en EE. UU., Reino Unido y España.

Gracias al Capítulo I creemos haber podido enmarcar las publicaciones de bodas dentro del *Wedding Market,* una industria voraz y de gran impacto económico que pretende adoctrinar a los consumidores en una ideología del matrimonio fantasiosa que promueve el capitalismo. Las publicaciones de bodas, entre otros medios, funcionan como un instrumento de difusión de dicha ideología en los países estudiados y, como tal, desempeñan un papel crucial como factor directamente relacionado con la toma de decisiones de los consumidores, a la hora de adquirir determinados productos y servicios.

El Capítulo II nos ha permitido realizar un acercamiento al concepto de género y, en particular, al género editorial nupcial y a los rasgos que lo definen. Asimismo, hemos podido dar cuenta de las publicaciones de bodas existentes en los países cotejados y ver, así, la prolijidad e importancia prodigada a dichos manuales. De acuerdo con los datos encontrados sobre las publicaciones en los distintos países, el mercado de las novias goza de mayor poderío en el ámbito anglosajón que en el territorio español. La prolijidad, variedad y accesibilidad de las publicaciones comercializadas en el mercado de EE. UU. y de Reino Unido son significativamente superiores a sus homólogas en el mercado español.

En el Capítulo III se ha descrito el corpus de estudio y la metodología adoptada para el escrutinio del mismo. Como ya hemos explicado, dicho corpus es una muestra de conveniencia conformada por tres publicaciones de bodas: *Brides,* la revista estadounidense; *You & Your Wedding,* la revista británica; y *Telva Novias,* la revista española.

En el Capítulo IV, se ha pretendido corroborar o desmentir las premisas planteadas en la sección introductoria. En primer lugar, en lo que respecta a la premisa que planteaba la posible disparidad a nivel del contenido ideacional de las publicaciones nupciales, hemos podido verificar que, al menos en las revistas analizadas, el contenido varía, aunque no en gran medida. Si bien es verdad que en los manuales estudiados existe una serie de contenidos exclusivos o contenidos a los que se otorga un mayor peso. Según juzgamos, la razón que subyace a la existencia de dichos contenidos o a su predominio en el discurso puede deberse a motivos culturales como, por ejemplo, la mayor relevancia de la comida de la boda en el corpus en español. Por otro lado, un aspecto en el que sí se ha detectado una diferencia más reseñable ha sido en los rasgos interpersonales de las mismas; es decir, en la forma en la que el emisor del mensaje se dirige a su receptor (la novia) y la manera en la que se presenta a este último el contenido.

En segundo lugar, la premisa, según la cual el lenguaje de las revistas anglosajonas debía presentar más elementos o recursos que amplificaran su creatividad y expresividad que la española, por su mayor importancia dentro del mercado editorial, queda corroborada por los resultados del escrutinio léxico. Aunque se ha obtenido un exponencial número de préstamos en la revista española (que han resultado ser una característica principal del lenguaje de la misma), el corpus anglosajón contiene una mayor variedad de recursos de neonimia que podrían complicar de forma significativa la labor del traductor. Asimismo, los neologismos de la revista española responden a un intento de imitar, por razones de prestigio, el lenguaje de las revistas punteras en el mercado; en otras palabras, las publicaciones de países angloparlantes. Sin embargo, como ya apuntábamos antes, este intento podría verse truncado por el uso en ocasiones inadecuado de una cantidad ingente de falsos préstamos o préstamos con erratas que entorpecen la lectura y proporcionan una imagen poco atractiva a ojos del lector avezado.

En lo referente al tenor del texto, hemos comprobado también que las observaciones planteadas en el análisis de la macroestructura sobre la influencia de la interpersonalidad en el plano proposicional o ideacional (es decir, aquel que tiene que ver con el contenido) ha quedado confirmada. Los datos extraídos del escrutinio interpersonal apuntan a una relación emisor-receptor mucho más estrecha en los textos en inglés, mientras que, en la española, la distancia es mayor. Por lo tanto, la cercanía en la relación y este querer establecer un diálogo con la novia parece ser una característica exclusiva del corpus anglosajón; un rasgo que en España se ha intentado emular, aunque, por el momento, sin resultados fructíferos.

En definitiva, los resultados extraídos del estudio dejan entrever un intento de emulación, por parte del corpus en español, de las publicaciones en inglés. Tal emulación se ve reflejada en la similitud de contenidos proposicionales, la introducción invasiva de préstamos procedentes de la lengua inglesa o las expresiones puntuales más coloquiales que no consiguen acortar distancias entre emisor y receptor. Según juzgamos, todo lo señalado puede ser signo de un acercamiento a aquellas publicaciones que llevan un mayor recorrido y tradición dentro del mercado editorial nupcial.

2. LIMITACIONES DEL ESTUDIO Y FUTURAS LÍNEAS DE INVESTIGACIÓN

La investigación aquí recogida presenta una serie de limitaciones que han pautado, quizá, su propio desarrollo y, a su vez, han marcado su alcance. En primer lugar, como comentamos ya en la introducción, la ausencia total de estudios previos sobre el género editorial nupcial ha dificultado el proceso de confección del tema y de un marco bien edificado y asentado.

En segundo lugar, el número de publicaciones seleccionadas para el corpus es muy reducido, ya que solo se ha analizado un único ejemplar representativo de cada país. En aras de verificar que los resultados dan cuenta realmente de las características propias del género editorial nupcial en las distintas culturas y, por tanto, se repiten en publicaciones de bodas en el mismo idioma, en futuros proyectos sería muy recomendable establecer como corpus dos o tres revistas de cada país.

Otra gran limitación que ha constreñido en gran medida el estudio en términos también de tiempo ha sido la imposibilidad de encontrar las revistas en formato procesable. Como ya se ha apuntado en el libro, un *software* de gestión de corpus y de análisis de texto habría facilitado en gran medida el escrutinio del corpus y nos habría permitido, tal vez, arrojar una cantidad de resultados más significativos y haber ampliado el campo de análisis y los fenómenos estudiados.

Con relación a la elaboración de estudios posteriores, numerosas son las formas en las que se podría continuar el presente estudio siguiendo esta línea de investigación, aunque de mayor envergadura. Sería interesante, por un lado, estudiar el nivel de aceptación por parte de las consumidoras del mercado nupcial de las publicaciones de bodas para, así, determinar su importancia como factor en la toma de decisiones sobre el consumo, siguiendo el ejemplo de otros autores como Buckley (2014). A nivel léxico, un examen de los tecnicismos empleados (ej. *tiered sleeveless dress, crystal drop earrings, rose gold stacking rings, tulle one-shoulder dress, floral-bodice dress, heart cuff, lace-bodice drop-waisted dress, illusion-neck lace-detail dress, fishtail skirt and beaded belt, off-the-shoulder blush dress, strapless ruffle skirt dress*, etc.) y los retos de su traducción sería también de gran utilidad a nivel traductológico.

El estudio de metáforas y comparaciones (ej. *I'm petrified of hairdressers cutting off too much, so I avoided scissors like the plague*), como parte de la búsqueda incesante de expresividad y acercamiento por parte de las publicaciones, podría ampliar la proyección de la investigación. Como parte del análisis lingüístico, se podría realizar un estudio profundo del lenguaje subliminal de las publicaciones, desde la elección de los variados títulos de las mismas o el lenguaje referente a la fantasía estadounidense sobre las bodas (ej. *the day, the big day, the biggest day of your life, the best day of your life, your special day, your perfect day, the perfect special day, your magical wedding day, your fairy-tale wedding*, «la boda perfecta», «su gran día», «uno de los días más importantes de tu vida», «tu gran día», «la boda soñada», «el esperado día», «la boda de sus sueños», «el día perfecto», etc.) hasta la gran variedad de adjetivos (ej. *luxurious, sumptuous, glamorous, whimsical, unforgettable, unique, picturesque, flawless, gorgeous, ultra-chic, idyllic,* etc.) que contribuyen a lo que se planteaba al principio del estudio: educar a la futura novia sobre los hábitos de compra y a ver el día de su boda como un evento trascendental, único e irrepetible.

De igual manera, el marco de nuestra investigación podría ampliarse incluyendo otros países de habla inglesa, o incluso traspasando las fronteras idiomáticas y llegando a otros países. A lo largo del trabajo, hemos visto que las publicaciones de novias no son exclusivas de los países que hemos seleccionado, sino que se dan en muchos otros: *Pacific Rim Weddings, Bridal Fantasy, Bridal Confidential* (de Canadá); *Inspired Bride Magazine, Wedding Inspirations* (de Sudáfrica); *Wedding Jamaica Magazine* (de Jamaica); *Perth Bride Magazine, Complete Wedding Magazine, TNQ Bridal Diary, Australian Bride, Sydney bride, Bride to be* (de Australia); *Celebrity Bridal Magazine* (de Polonia); *TW Magazine* (de Cuba); *Tikay's Bridal Magazine* (de Camerún); *Marriage guide* (de la República Checa); *Lajja Bridal* (de Paquistán); *Jamaica Bridal Expo Magazine* (de Jamaica); entre otras. Una comparativa que incluyera publicaciones de orígenes más variados nos permitiría, tal vez, obtener una visión aún mayor de la que este trabajo nos ha proporcionado.

Empero, consideramos que nuestro estudio puede servir como punto de partida al traductor profesional que nunca antes se haya enfrentado a un encargo como el presente. Es posible que, a partir de la lectura de este volumen, el traductor obtenga una visión un poco más completa, no solo de la importancia a nivel de mercado de un proyecto tal, sino también de aquellos rasgos característicos del corpus que le exijan un mayor conocimiento del género. Tal y como hemos señalado a lo largo del estudio, creemos que el traductor ha de conocer este nuevo campo de trabajo con el que quizá nunca antes haya tenido contacto. Es incluso probable que, al llegar a sus manos un proyecto tan inusual, crea que se trata de un mero catálogo de productos a la venta. Sin embargo, se trata de un género de mayor envergadura, un género único cuyo discurso especializado reproduce un complejo y meditado diálogo entre el consumidor en potencia (la novia) y los proveedores de servicios nupciales, cuyo fin último es incentivar el consumo.

Es tarea de todo traductor profesional, como mediador cultural, como llave del progreso lingüístico y archiconocido y caracterizado por su incesante curiosidad, llegar a conocer los más ínfimos detalles del género aquí estudiado para poder, así, superar los problemas que un encargo tal le pueda acarrear. Se trata de un encargo en potencia que merece toda su atención, investigación y trabajo, puesto que, en apenas 300 páginas, que no se distinguen precisamente por la abundancia de texto, queda recogida una cultura trasmitida de generación en generación y aún hoy sometida al cambio por una economía basada en el consumismo. Su trabajo es, por tanto, clave para que aquellas personas desconocedoras de la lengua de origen tengan la oportunidad de acercarse al contenido de dichos manuales y descubrir su contenido explícito e implícito.

Referencias bibliográficas

Alcaraz Varo, E. (2013). *El inglés profesional y académico*. Alianza Editorial.

Baker, M. (2011). *In Other Words: A Coursebook on Translation* (2.ª ed.). Routledge.

Bauer, L. (1983). *English Word-Formation*. Cambridge: Cambridge University Press.

Bhatia, V. K. (2014). *Analysing Genre: Language Use in Professional Settings*. London and New York: Longman.

Brown, M. E. (1994). *Soap Opera and Women's Talk: The Pleasure of Resistance*. Thousand Oaks, California: Sage publications.

Buckley, T. (2014). *An exploratory study into the motivations behind the consumption habits of brides in Ireland in the lead up to their wedding day*. (Tesis de doctorado, manuscrito no publicado, National College of Ireland, 2014). Recuperado el 23 de diciembre de 2015, de http://trap.ncirl.ie/id/eprint/1825

Cabré, M. T., Freixa Aymerich, J. & Solé, E. (2010). *Léxic i neologia*. Documenta Universitaria.

Choy, R. & Loker, S. (2004). Mass Customization of Wedding Gowns: Design Involvement on the Internet. *Clothing & Textiles Research Journal, 22*(79), 79-87.

Cotarelo, R. (2011). *Memoria del Franquismo*. Ediciones AKAL.

Crystal, D. & Davy, D. (1969) *Investigating English Style*. Hong Kong: Longman.

Crystal, D. (2007). *Words, Words, Words*. Oxford: Oxford University Press.

Dalrymple-Williams, D. (2004). *Is there a Market for a Multicultural Bridal Magazine in the U.S.?* (Tesis de Fin de Máster no publicada, Seton Hall University Dissertations and Theses). Recuperado el 26 de diciembre de 2015, de http://scholarship.shu.edu/cgi/viewcontent.cgi?article=1899&context=dissertations

Fong, J. & Burton, S. (2013). Electronic Word-of-Mouth: A comparison of stated and revealed behavior on electronic discussion boards. *Journal of Interactive Advertising, 6*(2), 53-62.

Ghio, E. & Delia, M. F. (2005). *Manual de lingüística sistémico funcional: el enfoque de M.A.K. Halliday y R. Hasan. Aplicaciones a la lengua española*. Universidad Nacional del Litoral.

Halliday, M. A. K. (1975). *Learning How to Mean: Explorations in the Development of Language*. London: Edward Arnold (Explorations in Language Study).

Humble, Á. M., Zvonkovic, A. M., & Walker, A. J. (2008). The Royal We: Gender Ideology, Display, and Assessment in Wedding Work. *Journal of Family Issues, 29*(3), 3-25.

Janssen, M. (s.f.). Orthographic Neologisms. Selection Criteria and Semi-Automatic Detection. Manuscrito no publicado, Instituto de Lingüística Teórica e Computaconal, Portugal, Lisboa. Recuperado el 15 de enero de 2016, de http://webcache.googleusercontent.com/search?q=cache:http://maarten.janssenweb.net/Papers/neologisms.pdf

Kadoch, M. (2013). *Neologisms in British Newspapers*. (Tesis de doctorado, manuscrito no publicado, University of South Bohemia). Recuperado el 27 de enero de 2016, de http://theses.cz/id/wt9s0l/Michal_Kadoch_-_Neologisms_in_British_Newspapers.pdf

Kalmijn, M. (2004). Marriage Rituals as Reinforceıs of Role Transitions: An Analysis of Weddings in the Netherlands. *Journal of Marriage and Family*, 66(3), 582-594.

Karnedi, M. A. (2012). The Translation of Neologisms: Challenges for the Creation of New Terms in Indonesian Using a Corpus-based Approach. *International Journal of Scientific & Engineering Research*, 3(5), 1.

Kristeva, J. (1982). *El texto de la novela*. Trad. Jordi Llovet, Barcelona: LUMEN.

Marcos, N. (2016, 31 de mayo). Así se resolverá ese problema con el doblaje en 'Juego de tronos'. El País. Recuperado el 15 de mayo de 2016, de http://cultura.elpais.com/cultura/2016/05/24/television/1464105532_445939.html

Martin, J. R., & White, P. R. R. (2005). *The Language of Evaluation*: *Appraisal in English*. Palgrave Macmillan.

Martínez López, A. B., & Vella Ramírez, M. (2011). La recepción del francés de la moda en las culturas inglesa y española: estudio comparativo a partir de revistas especializadas y de divulgación. *Anales de filología francesa*, 19, 213-234. http://dialnet.unirioja.es/servlet/articulo?codigo=4045696&info=resumen&idioma=ENG

Moghadas, S. M. & Sharififar, M. (2014). A Model for Cognitive Process of Neologisms Translation. *International Journal of English Language and Translation Studies*, 2(1), 4-19. Recuperado el 4 de marzo de 2016, de https://www.academia.edu/6250814/A_Model_for_Cognitive_Process_of_Neologisms_Translation_by_Seyed_Mohammad_Moghadas_and_Masoud_Sharififar

Mrs2Be (2015). How much do Irish weddings cost? It's the latest Irish Wedding Survey! Irlanda. Recuperado el 23 de diciembre de 2015, de http://www.mrs2be.ie/wedding-business/irish-wedding-survey-2015/

Naranjo Sánchez, B. (2013). *Los neologismos creativos en el discurso económico*. (Tesis inédita de Fin de Máster, manuscrito no publicado, Universidad de Murcia).

Newmark, P. (1988). *A Textbook of Translation*. Prentice Hall.

Orts Llopis, M. Á. (2005). Neological Patterns in Spanish Legal Discourse; The Phenomenon of Mobbing. *LSP & Professional Communication*, 5(2), 1-2.

Otnes, C. & Lowrey, T. M. (1993). Til Debt Do Us Part: the Selection and Meaning of Artifacts in the American Wedding. *Advances in Consumer Research*, 20, 325-329.

Plag, I. (2010). *Word-Formation in English*. Cambridge: Cambridge University Press.

Publishing Business Group (2015). How to Start a Magazine or Web Publication. EE. UU. Recuperado el 23 de diciembre de 2015, de www.publishingbiz.com

Rea, C. R. & Orts, M. Á. (2011). New and Further Approaches to ESP Discourse: Genre Study in Focus. *International Journal of English Studies*, 11(1).

Ridoux, N. (2009, 21 de marzo). Por una vida más frugal. *El País*. Recuperado el 8 de mayo de 2016, de http://elpais.com/diario/2009/03/21/opinion/1237590012_850215.html

Schiering, M. (2005). Wedding Crash Course. *Brandweek*, 46(29), 18.

Sgroi, R. (2006). Consuming the Reality TV Wedding. *Ethnologies*, 28(2), 113-131. Recuperado el 24 de diciembre de 2015, de https://www.erudit.org/revue/ethno/2006/v28/n2/014985ar.pdf

Swales, J. M. (1981). *Aspects of Article Introductions*. Language Studies Unit, University of Aston in Birmingham.

— (1990). *Genre Analysis: English in Academic and Research Settings*. Cambridge University Press.

Thomas, J. B. & Peters, C. O. (2011). Which dress do you like? Exploring Brides' Online

Communities. *Journal of Global Fashion Marketing, 2*(3), 148-160.

USEVIĊS, S. (2008). *Neologisms in British Newspapers.* Daugavpils University, Latvia.

WOODARD, C. (2006). *Starting and Running a Successful Newsletter or Magazine* (5.ª ed.). NOLO.

ZAWADA, B. (2009). *Linguistic Creativity and Mental Representation with Reference to Intercategorial Polysemy.* (Tesis de doctorado, manuscrito no publicado, University of South Africa, Pretoria). Recuperado el 14 de abril de 2016, de http://uir.unisa.ac.za/handle/10500/1965

Anexos

Publicaciones	Tirada	Periodicidad	N.º de páginas
African Bride USA	-	1	-
Bibi Magazine	-	1	-
Bliss Bridal Magazine	-	4	-
Bridal Guide	161 954	6	-
Bride & Groom	-	4	84
Brides	309 916	-	-
Brides of Oklahoma	-	2	-
Buffalo Bride	-	-	-
Cake Central Magazine	-	12	-
California Wedding Day	-	2	-
Celebrity Bridal Magazine	-	-	-
Ceremony Magazine	-	1	-
Chicago Bride	-	4	-
Chicago Wedding & Party Resource	-	-	-
Contemporary Bride Magazine	-	2	-
Destination I Do Magazine	-	4	-
Destination Weddings & Honey-moons	100 000	6	-
DIY Wedding Magazine	-	4	-

Exquisite Weddings by San Diego	-	2	-
For the Bride	-	12	-
Get Married	300 000	-	-
Hawaii Bride & Groom	-	2	-
Here Comes the Guide	-	1	<600
Inside Weddings	240 000	4	-
InStyle Weddings Magazine	-	1	338
Las Vegas Bride	-	2	-
Latin Bride and Groom	-	4	-
Manhattan Bride	-	2	-
Martha Stewart Weddings	220 833	4	-
Metro Detroit Magazine	-	4	-
Metro Detroit Weddings	-	2	168
MunaLuchi Bride	-	2	-
New England Bride	-	12	31
New Hampshire	-	1	-
New Jersey Bride	-	4	-
New York Weddings	-	12	-
Portland Bride & Groom	-	2	-
Premier Bride	450 000	-	-
Sacramento Bride & Groom	-	2	-
Saint Louis Bride Magazine	-	-	-
Seattle Bride	-	2	-
Seattle Met Bride & Groom	-	2	-
Simply Chic Wedding	-	-	-
Southern Bride Magazine	-	2	-
Southern New England Weddings	-	1	448
Southern New England Weddings Destination	-	1	-
Spectacular Bride of Las Vegas	-	-	-
Sposa Magazine	-	-	-

Style me Pretty Wedding Magazine	-	1	-
The Knot (New York)	-	6	-
The Knot Magazine	138 605	12	-
The Star Ledger	-	-	-
The Wedding Experience	-	1	-
Town & Country Weddings	250 000	-	-
Utah Bride & Groom	-	1	-
Veil Magazine	-	4	-
Vermont Vows	-	-	-
Wedding Cakes	-	4	-
Wedding Planner & Guide	-	-	-
Wedding Style	400 000	-	-
Wedding with Style	-	2	-
Weddings in Cleveland Magazine	-	-	-
Weddings Magazine	-	-	-
Weddings Unveiled Magazine	-	4	-
WedLuxe Magazine	-	-	-
Well Wed Magazine	-	-	-

Tabla 23: Publicaciones de EE. UU.

Ilustración 1: Página de Facebook (Revista: *Bridal Guide*)

Ilustración 2: Lectura online (Revista: *Style Me Pretty*)

Ilustración 3: Enlace a páginas de productos (Revista: *Chicago Wedding & Party Resource*)

Ilustración 4: Enlaces a otras páginas (Revista: *Spectacular Bride*)

PUBLICACIONES	TIRADA	PERIODICIDAD	N.º DE PÁGINAS
An Essex Bride Magazine	-	1	16
An Essex Wedding Magazine	-	-	-
Asian Bride Magazine	-	12	-
Asiana Wedding Bride	-	-	500
Attitude - Love and Marriage magazine	-	-	-
Belle Bridal Yorkshire Magazine	-	-	-
Berkshire, Buckinghamshire & Oxfordshire Bride Magazine	-	1	16
Bride Magazine	-	-	68
Brides	-	-	-
Cheshire & Lancashire Bride Magazine	-	1	78
Cheshire Bride	-	-	-
Cosmopolitan Bride	-	-	-
Cotswold Bride Magazine	-	1	34
County Wedding Magazine	-	-	228
Dorset, Wiltshire & Hampshire Bride Magazine	-	1	32
Getting Married in Northern Ireland	-	-	-
Hertfordshire, Bedfordshire & Cambridgeshire Bride Magazine	-	1	30
Kent Bride Magazine	-	1	34
London Bride Magazine	-	1	33
Norfolk and Suffolk Bride Magazine	-	1	66
Perfect Wedding	-	2	-
Rock My Wedding	-	12	256
Scottish Wedding Directory	-	4	-
South West Bride Magazine	-	1	72
Surrey Bride Magazine	-	1	18
The Wedding Dress	-	-	-
Ultimate Wedding Magazine	-	6	-

Wedding Cakes Magazine	-	4	-
Wedding Flowers & Accessories	-	-	-
Wedding Ideas	-	13	-
Wedding Magazine	-	-	-
Yorkshire Bride Magazine	-	1	20
You & Your Wedding	31 419	7	350
Your Berks, Bucks & Oxon Wedding Magazine	-	6	-
Your Bristol & Somerset Wedding Magazine	-	6	-
Your Devon & Cornwall Wedding Magazine	-	6	-
Your East Anglian Wedding Magazine	-	6	-
Your East Midlands Wedding Magazine	-	6	-
Your Hampshire & Dorset Wedding Magazine	-	6	-
Your Herts & Beds Wedding Magazine	-	6	-
Your Kent Wedding Magazine	-	6	-
Your London Wedding Magazine	-	6	-
Your Manchester Wedding	-	6	-
Your Merseyside Wedding Magazine	-	6	-
Your North East Wedding Magazine	-	6	-
Your South Wales Wedding Magazine	-	6	-
Your Surrey Wedding Magazine	-	6	-
Your Sussex Wedding Magazine	-	6	-
Your West Midlands Wedding Magazine	-	6	-
Your Yorkshire Wedding Magazine	-	6	-

Tabla 24: Publicaciones de Reino Unido

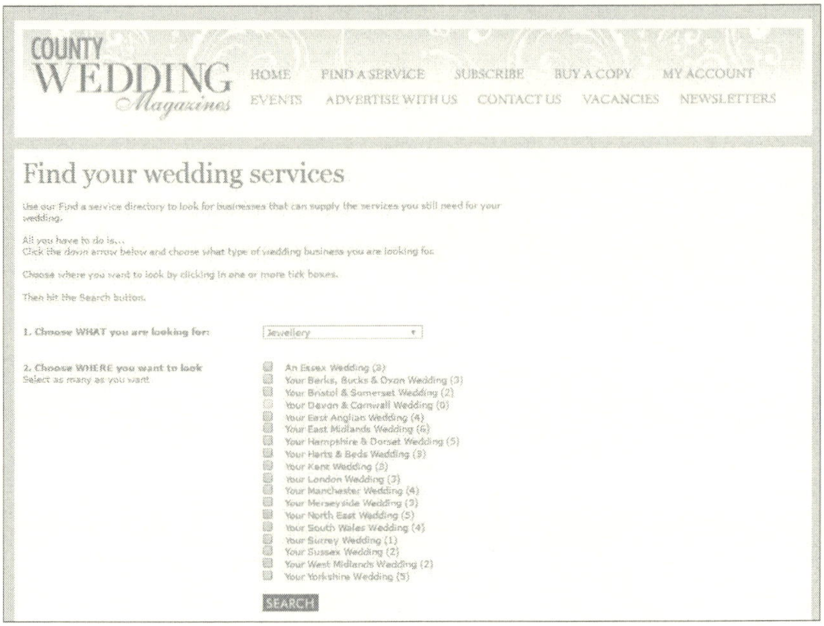

Ilustración 5: Búsqueda avanzada según el contenido
(Revista: *County Wedding Magazine*)

Ilustración 6: Visualización en línea (Revista: *Asian Bride Magazine*)

Publicaciones	Tirada	Periodicidad	N.º de páginas
Casar-se a Catalunya	10 000	3	-
Hola Novias	-	-	-
Lucía se casa	35 000	2	-
Novias de España	30 000	3	250
Novias de Pasarela	30 000 (España); 20 000 (Europa)	2	-
Telva Novias	55 000	2	238
Vogue novias	-	-	-

Tabla 25: Publicaciones de España

Ilustración 7: *Telva Novias* y *Lucía Se Casa* (Facebook)

CONTENTS

FIRST PERSON

118 THE SLOW (BUT PERFECT) PROPOSAL
Most grooms put a whole lot of thought into when and where to propose. For one writer, that process took six years. He explains why some guys need a little extra time before they're ready to pop the question. *By Peter Martin*

STYLE

139 TWO OF A KIND
The crop-top trend is back on our radar—yes, even for your wedding day. Here's how to rock matching separates that toe the line between trendy and sophisticated.

150 BLACK & WHITE
Need accessories for your shower, bachelorette, and beyond? Try a just-right-size statement bag or a two-toned bootie for instant cool-bride appeal.

154 SOMETHING NEW
Take your pick of delicate gold pendants for your wedding day—each one chicer and prettier than the next—then wear forever.

156 INSTAGRAM'S IT GIRL GOES BRIDAL
Chiara Ferragni, founder of the crazy-popular style blog the Blonde Salad, turns her attention to big-day looks as brand ambassador for the Barcelona-based bridal label Pronovias.

ON THE COVER
Photograph by Christopher Ferguson. Styling by Eleanor Strauss. Hair by Jillian Halouska/Oribe Hair Care/Bryan Bantry Agency. Makeup by Justine Perdue/Chanel Rouge Allure/Tim Howard Management. Duchesse-silk satin, silk organza, and tulle dress with silk flowers and beaded details, price upon request, **Samuelle Couture;** samuellecouture.com. Earrings, Finn; finnjewelry.com. To get the beauty look, try this makeup by Mary Kay: TimeWise Luminous-Wear Liquid Foundation, Bronzing Powder, Brow Definer Pencil, Brow Gel, Cream Eye Color in Apricot Twist, Mineral Eye Color Quad in Sandstorm, Eyeliner in MK Deep Brown, Lip Liner in Soft Blush, True Dimensions Sheer Lipstick in Subtly You, Lash Love Mascara, and Makeup Finishing Spray by Skindinävia.

NECKLACE PHOTO: DYAD PHOTOGRAPHY. NECKLACE, CAPWELL + CO./CAPWELL CO.

(continued on page 42)

Ilustración 8: Tabla de contenido (Revista: *Brides*)

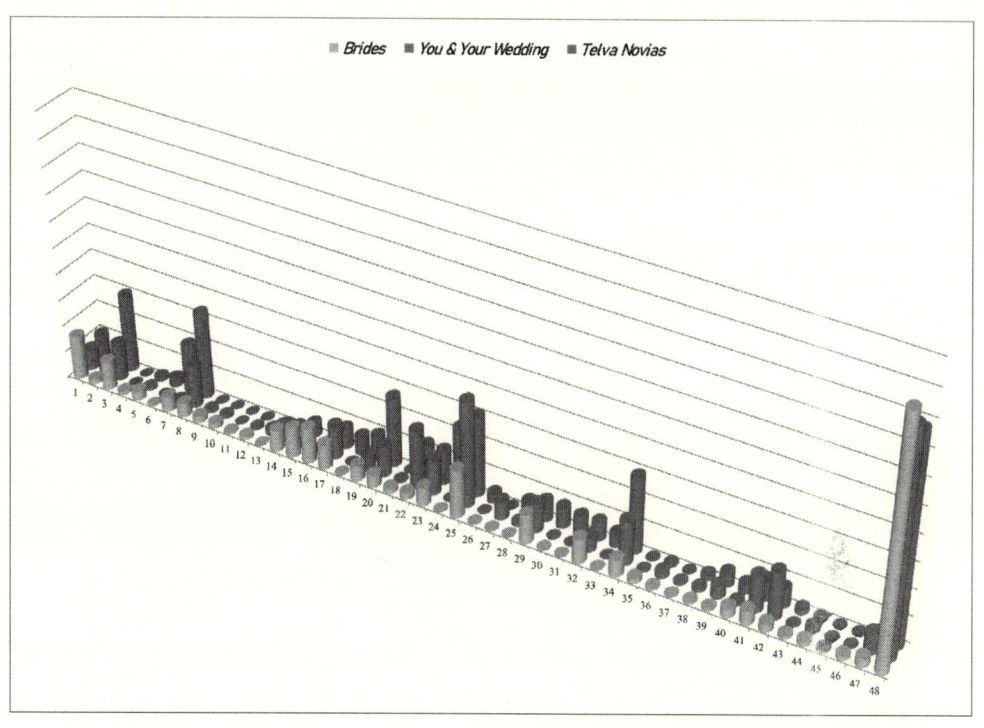

Gráfico 9: Resultados detallados del análisis global de la macroestructura

	Brides	You & Your Wedding	Telva Novias
1. Anillos de compromiso y alianzas	8,29	4,00	5,08
2. Apps y páginas web	0,86	1,71	1,27
3. Artículos de bodas reales	5,43	7,14	14,83
4. Baile: consejos	0,57	0,00	0,00
5. Bebidas: consejos	1,71	0,57	0,85
6. Coche de la boda	0,00	0,00	1,69
7. Comida: catering (sin dulces)	2,86	0,29	9,32
8. Complementos para la novia	2,57	8,00	16,53
9. Consejos cuidado de la piel	1,14	0,57	0,00
10. Consejos cuidado de las uñas	0,86	0,57	0,00
11. Consejos cuidado del pelo	0,29	0,00	0,00

12. Consejos para estar en forma	0,57	0,29	0,00
13. Consejos sobre los discursos	0,00	1,14	0,00
14. Dama de honor: vestido y complementos	4,00	3,14	0,85
15. Decoración del hogar (menos la cocina)	5,43	0,57	2,54
16. Decoración del hogar: la cocina	6,57	0,57	0,00
17. Destinos para la luna de miel	4,57	6,29	3,81
18. Diseñadores famosos	0,00	0,00	3,39
19. Diseño de las invitaciones	2,86	2,57	4,66
20. Diseño del lugar de la boda	2,29	5,71	13,14
21. Diseño del menú	0,86	0,29	0,00
22. Flores: tocados y diseño del lugar de la boda	1,14	11,14	6,36
23. Fotografía	3,43	6,86	6,36
24. Invitadas: vestido y complementos	0,00	0,00	11,86
25. Lugar de la boda	9,14	20,00	15,25
26. Lugar de la ceremonia	0,00	0,00	1,69
27. Madre de la novia: vestido y complementos	0,00	3,43	0,00
28. Madre del novio: vestido y complementos	0,00	0,57	2,54
29. Maquillaje: productos y consejos	5,43	5,43	3,81
30. Música	0,00	0,00	3,81
31. Niñas: vestido y complementos	0,00	0,00	3,39
32. Novio: traje y complementos	4,57	2,86	3,39
33. Organizadores de boda	0,00	0,00	2,54
34. Otras joyas	3,14	8,29	14,41
35. Otros detalles (álbumes, cajas, velas)	0,86	0,00	0,00
36. Otros dulces	0,29	1,14	0,42
37. Páginas sin relación	0,00	0,29	0,00
38. Pajes: vestido y complementos	0,29	0,57	0,85

39. Peinado: consejos	0,29	2,29	2,54
40. Perfumes de mujer	1,71	0,57	1,69
41. Portada, índice, direcciones	2,57	6,86	3,81
42. Ramo de flores	1,43	8,86	3,39
43. Regalos para los invitados	0,57	0,00	0,85
44. Regalos para los novios	0,86	1,14	0,42
45. Seguro del coche	0,57	0,00	0,00
46. Seguro para el anillo	0,86	0,00	0,00
47. Tarta nupcial	1,71	4,00	1,69
48. Vestidos de novia	46,29	41,71	38,98

Tabla 26: Resultados detallados del análisis global de la macroestructura

colección

INTERLINGUA

Director: PEDRO SAN GINÉS AGUILAR • ANA BELÉN MARTÍNEZ LÓPEZ